ソムリエ × 料理人 が

家飲み用に
本気で考えた

おうちペアリング

主婦の友社

はじめに

近年、「ペアリング」といって、料理それぞれに
ワインや日本酒を合わせてくれるさまざまなジャンルのお店が話題。

では、家で「さぁ赤ワインでも飲もう」「日本酒をあけようか」と思ったとき、
まずどんな料理を作ろうと思いますか？
ワインにはイタリアン！　日本酒なら和食！　というのが
とっさによぎるかもしれません。もちろん、まちがいないチョイスです。
ただただおいしく飲めれば幸せではありますが、
おうちで過ごすことが多くなった人が行き着く先は、
「少しでも、どうにかして、家飲みのクオリティを上げたい」
という思い。100のレシピとソムリエたちの解説により
その思いに少しでも応えられれば、うれしく思います。

お酒についてのうんちくを語れたり、はじめての料理がおいしくできたりすると、
話題がふえて、その先に興味がわいて、
おうちごはんがうーんと楽しくなっていきます。

食べること、飲むことに情熱を。

家なんだから、自由がいちばん。

それだけで、人生はちょっとだけ、極上に……。

4

Message

ソムリエと料理人からの
メッセージ

【ワイン監修】

岩井穂純

ソムリエ／ワインショップ＆バー
「酒美土場」店主

料理とワインは、「合わない」より
「合う」組み合わせのほうが多いです。
そして、ときとして素晴らしい組み合わせを
見つけられることがあります。
この本を通じて、
人と人の出逢いを楽しむように
"料理とワインの出逢い"を楽しんでください。

【日本酒監修／
CHAPTER 1, CHAPTER 3レシピ】

高橋善郎

日本酒ソムリエ／料理研究家

おいしい料理とお酒はふだんの
「いつも」をもっと楽しく豊かにしてくれる、
そんなパワーがあると思っています。
お酒と料理のペアリングの世界は無限大！
ルールはありません。
だからこそ、ぜひ本書を通じて、
自分らしい「最幸」のペアリングを
発見するきっかけになればうれしいです。

【 CHAPTER 1, CHAPTER 2
イタリアン&フレンチレシピ 】

上田淳子

料理研究家

世界中から集まるさまざまなワイン。
これらを相性のよい料理と一緒に楽しむと、
おいしくて幸せだなぁと、心から思えるのです。
ワインあっての料理、料理あってのワイン!
世界中で愛される食中酒だからこそ、
食事とともに!
そんな楽しさをこの本を通して
みなさまと分かち合えますように。

【 CHAPTER 1, CHAPTER 2
アジア料理レシピ 】

ツレヅレハナコ

食と酒と旅を愛する編集者

365日お酒を飲みますが、
なかでもワインは呑む頻度の高いお酒。
洋食や和食はもちろん、
私の大好きなエスニックにもよく合うんです。
エスニック=ビールのイメージが
強いかもしれませんが、
ぜひこの本でエスニックつまみの新しい相棒を
見つけてみてください。

【 CHAPTER 1, CHAPTER 2
モダン和食レシピ 】

五十嵐大輔

和食料理人

お店の和食の味を、家庭でもなるべく作りやすく、
なおかつ「特別感」を味わえるよう、レシピを
考えました。「ワインに合う和食」は
味を想像しにくいかもしれませんが、
食べたらちゃんと、和食を感じてもらえると思います。
2回3回と作ってそのときどきのワインに合わせ、
さらに自分なりのアレンジを加えて好みのレシピに
仕上げていただけたら幸いです。

CONTENTS

CHAPTER 1

2食材でサクッと
マリアージュ

COLUMN

ペアリングってどんなこと？

最近、レストランやビストロなどに行くと
「ペアリング」という言葉を耳にしませんか？
このペアリングを覚えれば、お酒も料理も味わいが倍増！
おうち飲みがもっと豊かに、もっと楽しくなります。

ペアリングとは
「口福（こうふく）な組み合わせ」

ペアリングとは、お酒と料理の組み合わせのこと。相性のいいもの同士を合わせれば、お酒も料理も味が引き立てられ、最高においしく感じられます！ ワインの世界では、絶妙な組み合わせにより生まれる新たなおいしさを「マリアージュ（結婚）」と表現します。

ペアリングというとワイン用語のイメージが強いですが、ワイン以外にも、日本酒、ビール、お茶など、さまざまな飲み物でペアリングを楽しめます。この本ではワインと日本酒を中心に、和洋中の枠にとらわれない相性抜群の料理をご紹介します。

ワイン以外の
飲み物でも
ペアリングを楽しんで

ちょっとの
知識があれば、家でも
ペアリングができる！

ペアリングはお店でソムリエがすること、と思い込んでいませんか？ ソーヴィニヨン・ブラン、純米大吟醸……などと専門用語が飛び交うお酒の世界。一瞬ひるんでしまいますが、味わいの特徴をつかむだけで、自分でも料理との組み合わせができるようになります。

お店だとワインにはフレンチ、日本酒には和食など、決まった組み合わせになりがち。でも、おうちなら実験気分でいろいろなペアリングを楽しめます。ワインをあけて、前菜はフレンチでメインはトルコ料理、締めは中華なんてコースも家飲みだからできること。

おうちだからこそ
自由なペアリングを

\ ざっくり解説 /

ワインの産地、とりあえずこれだけは覚えて！

ヨーロッパ編

■ フランス

世界に名だたるワイン大国。
全国各地で地域の特色を生かした
ワイン造りが行われており、
多種多様なワインが生まれています。

France
Champagne
Alsace
Bourgogne
Loire
Bordeaux
Sud de la France

代表的な産地はここ！

ボルドー

渋味しっかりの力強い
赤ワインは肉料理に最適

フランス南西部の港町。カベルネ・ソーヴィニヨンやメルロー（p.14）を使った赤ワインや、果実感の強い白ワインが有名。高級ワインのイメージがありますが、「バリューボルドー」と呼ばれるお手軽な価格帯のものも。

ブルゴーニュ

香り高く滋味深い味わいは
フレンチから和食まで

フランス北東部の銘醸地。シャブリ地区、ボージョレ地区などが有名。主に赤ワインはピノ・ノワール（p.14）、白ワインはシャルドネ（p.16）で造られています。畑ごとに味わいの個性が異なり、造り手で選ぶ楽しさが。

シャンパーニュ

スパークリングワインの
王様が生まれる産地

フランス北部の産地。特産のシャンパンは力強い泡と深いコクが特徴で、前菜だけでなくメイン料理にも◎。ヴィンテージ（収穫年）表示のあるものは複雑味が魅力。「N.V.（ノンヴィンテージ）」（複数年のワインをブレンド）は安定した味わい。

ロワール

冷涼な気候から生まれる
さわやかな白ワイン

フランス中部、ロワール川沿岸のワイン産地。ソーヴィニヨン・ブランやシュナン・ブラン（p.16）、ミュスカデ（p.17）で造られるフレッシュでミネラリーな白ワインは、魚や鶏肉と相性◎。アジア料理、和食と合わせても。

アルザス

個性豊かでフルーティーな
白ワインを産出

フランス北東部、ドイツとの国境に近く、独自の発展を遂げた産地。リースリング、ピノ・ブラン、ゲヴュルツトラミネール、ピノ・グリ（p.16）で造った白ワインが有名。エチケットに品種名が記載されているから選びやすい。

南仏 （コート・デュ・ローヌ、ラングドック・ルーション、プロヴァンスなど）

太陽と地中海の恵みを
受けた多彩なワインたち

多様な品種のブドウが生産され、さまざまな味わいのワインが生まれています。シラーやグルナッシュ（p.14）から造られるスパイシーな赤ワインはインド料理に。ヴィオニエ（p.16）を使ったリッチな白ワインはタイ料理とマッチ。

この産地に注目！

ボージョレ（ブルゴーニュ）

ヌーヴォーだけじゃない。
ナチュラルワイン発祥地

主要品種はガメイ（p.14）。色は淡めでもうまみをしっかり感じられる赤ワインは、魚から肉まで幅広いペアリングが可能。この地で有機農法などをとり入れたマルセル・ラピエール氏は自然派ワインの第一人者として有名。

アンジュ（ロワール）

ほんのり甘い白ワインは
クリーム系の料理に

シュナン・ブラン（p.16／現地名ピノー・ド・ラ・ロワール）の銘醸地。シュナン・ブランで造られるフルーティーで蜜りんごのような甘みの白ワインは、ワイン初心者にも愛好家にも人気。ロゼワインの産地としても有名。

ワインの味わいには産地の気候や風土が反映されます。
「ボルドーの赤は渋味が強くて肉料理向き」など、産地ごとのワインの
傾向を知っておけば、料理と組み合わせるのもスムーズに。まずは
古くからワイン造りが行われてきたヨーロッパの産地を押さえましょう！

Germany

Austria

Eastern Europe

Italy

Portugal   Spain

ここも押さえて！

🇮🇹 イタリア

全州でワインが造られる
まさにワインの国

南北に長く、変化に富んだ地形のイタリアでは、栽培されているブドウも地域によって異なり、地場品種による多彩なワインが生まれています。食材の味わいを生かした料理と合うワインが多く、特に力強い赤ワインが魅力。

🇪🇸 スペイン

海から山まで多様な産地が
はぐくむ個性派ワイン

シェリー酒、スパークリングワインのカヴァ、スペインワインの代表品種・テンプラニーリョ（p.15）などが有名で、全国的にワイン造りが盛ん。カタルーニャは自然派ワインの産地として注目されています。

🇵🇹 ポルトガル

古くて新しい伝統産地の
ワインは、鮨にもマッチ

紀元前よりワインが造られてきた伝統国。赤は濃厚、白はフレッシュなワインが多数。特にヴィーニョ・ヴェルデの白ワインは、さわやかで魚介と相性よし。和食とも合います。北西部の都市ポルト名物の甘いポルトワインは食後酒に。

🇩🇪 ドイツ

甘口の白だけでなく
辛口ワインも要注目！

ブドウ栽培の北限にあたるドイツは白ワインの産地として有名。ブドウがゆっくりと熟すため、上品な酸味のワインができます。代表品種はリースリング。かつては甘口の白ワインが主流でしたが、近年は辛口も増加しています。

🇦🇹 オーストリア

小さな国の美しいワインは
和食と合わせてもよし

生産量は少ないですが、上質な白ワインは定評あり。代表品種のグリューナー・フェルトリーナー（p.17）は酸味とミネラルのバランスがよく、野菜や和食にも◎。有機農業先進国として知られ、自然派ワイナリーも多数あります。

東欧諸国

知られざるワイン伝統国は
掘り出し物の宝庫

スロベニア、クロアチア、モルドバ、ジョージアといった東欧諸国も、古代より続くワイン産地。最近は伝統的な醸造技術に近代的な製法をとり入れるワイナリーも出現。土着品種から造られる個性豊かなワインは要注目！

この産地に注目！

シュタイヤーマルク（オーストリア）

グラスからあふれる
海の記憶の香りと味わい

オーストリア南東部、ナチュラルワイン造りが盛んな地域。ソーヴィニヨン・ブランなど白ワイン品種の栽培が中心。古代は海だった土地で、どこか塩けを感じさせる味わいのワインは「大人のポカリスエット」のよう。

🇬🇪 ジョージア

ワイン発祥の国。
伝統製法で醸す古代のワイン

8000年のワイン造りの歴史を誇る世界最古の産地。アンフォラの一種であるクヴェヴリという陶器の大きな壺を地下に埋め、自然発酵させる伝統製法は文化遺産に。地場品種が多く、適度な渋味を持つオレンジワイン（p.18）が主流。

ワインの産地、とりあえずこれだけは覚えて！

ニューワールド編

🇯🇵 日本

近年、盛り上がりを見せている日本ワイン。
その繊細な味わいは国際的にも評価されています。
ここでは代表的な産地をご紹介します。

Hokkaido

Japan

代表的な産地はここ！

山梨

日本最古のワイン産地。
甲州は和食と相性抜群！

明治時代、甲府で本格的なワイン造りが行われたのが日本ワインの始まり。代表品種の甲州（p.17）の白ワインはみずみずしく、和食のベストパートナー。マスカットベーリーA（p.15）のフレッシュな赤ワインも要注目。

Nagano
Yamanashi

長野

ブドウに適した環境から
生まれる高品質のワイン

気候などの自然条件がブドウ栽培に適しており、シャルドネ（p.16）やメルロー（p.14）などヨーロッパ系品種の栽培量も増加中。長野県も県内4カ所をワイン産地として発展させる「信州ワインバレー構想」を発表し、支援を行っています。

北海道

北の大地が育む
冷涼感のあるワインが魅力

寒冷地の気候を生かしたブドウ栽培が行われており、余市・仁木エリアのピノ・ノワール（p.14）など、ヨーロッパ系品種の栽培も盛ん。小樽原産の旅路、十勝の池田町原産の山幸など、地元品種で独自のワインを造る動きも。

その他 （東京、山形、島根、岡山など）

全国に広がる
クラフトワイナリーに注目！

デラウェア生産量日本一の山形は隠れたワイン王国。西日本では岡山や島根で風土を生かしたワイン造りが行われています。小規模醸造のクラフトワイナリーも全国的にふえ、東京など都市部にもワイナリーが誕生。

ここも押さえて！

New Zealand

🇦🇺 オーストラリア

柔軟な国民性が生み出す
ワインのニュースタイル

オーストラリア南部を中心にシラーズ（p.14）やシャルドネなど多彩な品種を栽培。あけやすいスクリューキャップ発祥の国としても有名。最近は、できるだけ人の手を加えずに造るナチュラルワインのメーカーが増加中。

🇳🇿 ニュージーランド

気軽に楽しむなら
NZのソーヴィニヨン・ブラン

歴史は浅いものの、質の高いワイン造りでまたたく間に人気ワイン産地に。ハーブやトロピカルフルーツの風味豊かなソーヴィニヨン・ブラン（p.16）の白ワインは、さまざまな料理に合います。ジューシーなピノ・ノワール（p.14）の赤もおすすめ。

Australia

ワインショップなどでは、ワイン造りの歴史が古いヨーロッパ諸国は
「オールドワールド（旧世界）」、歴史が新しい国は「ニューワールド（新世界）」と
呼ばれます。新世界のワインはリーズナブルで味わいがしっかり。
初心者にもやさしいワインがそろっています。

🇺🇸 アメリカ

歴史は浅いながらも世界有数の生産量を誇る
ワイン大国。カジュアルなテーブルワインから
高級ワインまで幅広く造られています。

代表的な産地はここ！

カリフォルニア

フルボディの赤ワインや
リッチな白ワインに定評が

カベルネ・ソーヴィニヨンやジンファン
デル (p.15) が代表品種。ジンファンデ
ルで造った赤ワインは、ステーキやバー
ベキューに合わせても負けない濃厚でパ
ワフルな味わい。シャルドネなどを使っ
た果実味豊かな白ワインも魅力。

ワシントン

フランスと緯度が近い
アメリカの冷涼産地

主要品種はカベルネ・ソーヴィニヨンや
シャルドネ。冷涼な場所ではリースリン
グ (p.16) 栽培が盛んで、辛口のほかオ
フドライ（半甘口）の白ワインも造られ
ています。華やかな味わいはエスニック
料理やフルーツと相性よし。

オレゴン

ピノ・ノワールをはぐくむ
アメリカのブルゴーニュ

ブルゴーニュとほぼ同じ緯度に
あり、冷涼な気候に適した品種
が多く栽培され、ピノ・ノワー
ルの世界的銘醸地として知られ
ています。近年、中心地のポー
トランドでは醸造所が続々誕生。
都市型ワイナリーの先駆けに。

ここも押さえて！

🇨🇦 カナダ

寒冷の地から生まれる
伸びやかな酸味の白ワイン

オンタリオ州ナイアガラは、凍った
ブドウで造るアイスワインの産地。
ブリティッシュコロンビア州・オカ
ナガンは世界一美しいワイン産地と
して知られ、上質な酸味をもったピ
ノ・グリやシャルドネは和食にもぴ
ったり。

🇨🇱 チリ

世界屈指のコスパと
わかりやすい味わいで人気

1種類のブドウで造ったワインが多
く、品種の特徴からワインを選べる
ので便利。カベルネ・ソーヴィニヨ
ンやカルメネールで造った力強い赤
ワインや、フルーティーな白ワイン
が◎。リーズナブルなワインが多い
のも魅力。

🇿🇦 南アフリカ

自然にも体にもやさしい
ワインは安心の味わい

フランス人移民によってワイン文化
が発達したため、フランス系の品種
が中心。ミネラル感豊かなシュナ
ン・ブラン (p.16) の白ワインはど
んな料理ともマッチ。環境政策によ
り自然と調和したワイン造りが行わ
れていることも注目。

🇦🇷 アルゼンチン

アンデス山脈が育てる
個性豊かなワインたち

アンデス山脈のふもとにあるブドウ
畑は乾燥して寒暖差が激しく、上質
なブドウが育ちます。代表品種マル
ベック (p.15) の赤ワインは肉料理
に。土着品種トロンテスの白ワイン
は華やかな香りで、中華やエスニッ
クとも合います。

Canada

Washington
Oregon
California

America

Chile
Argentina

South Africa

\ ざっくり解説 /

「有名だけど、いったいどんな味?」 よく聞く品種の味の特徴を知ろう

代表的な品種はこれ!

カベルネ・ソーヴィニヨン

フルボディ代表!
濃い色と強いタンニンが特徴

世界一有名な黒ブドウ品種。ボルドーではメルローなどとブレンドされることが多く、カシスやブルーベリー、杉の香りが特徴。凝縮した果実味と強い渋味は肉料理と相性抜群。高級ワインなら熟成させると風味がアップ。

メルロー

ジューシーで濃厚。果実味が好きならこれ!

ボルドー地方原産で、いまや世界中で栽培されている人気品種。プラムやブラックチェリーのような甘くて濃厚な香り。しっかりとした果実味としなやかなタンニンは、ビーフシチューなど肉の煮込み料理に合います。

ピノ・ノワール

一度はまると虜になってしまう、官能的な香り

世界中で栽培されていますが、味わいや香りはブルゴーニュ産が随一! チェリーや木いちごを思わせる風味は、熟成するときのこのような香りに。タンニンは少なめで、鶏肉や赤身の魚など幅広いペアリングを楽しめます。

ガメイ

どんな料理にも合わせやすい、やさしい風味

ボージョレヌーヴォーの品種として有名ですが、熟成タイプも。木いちごや花の香りあふれるライトボディで飲みやすく、ガメラーと呼ばれる愛好家がいるとかいないとか。うまみのある味わいは、だしを使った料理とも◎。

カベルネ・フラン

ワインなのに野菜の香り!?
世界中でひそかに人気

ボルドーではブレンド用の品種ですが、ロワールではカベルネ・フランだけのワインも。いちごの香りに、ときにピーマンやトマトのような風味がすることも。酸味が豊かでトマトソースや中国料理、特に酢豚と合います。

MEMO

「ブレンド」と「単一」の違いは?

ワインには複数の品種を組み合わせて造った「ブレンドワイン」と、1種類の品種で造った「単一ワイン」があります。ブレンドは複雑な味わいが楽しめますが、ブドウの特徴を知りたいなら、まず単一ワインを飲んでみて。

ラベルの表記をチェックして。

シラー(シラーズ)

ジビエに合わせても負けない力強い赤

コート・デュ・ローヌが主要産地。ブルーベリーの果実味に黒こしょうのようなスパイシーな風味。タンニンが豊かで、スパイスを使ったジビエ料理にマッチ。オーストラリアではシラーズと呼ばれ、より濃厚な味わい。

グルナッシュ

地中海の太陽を凝縮したようなホットな味わい

南仏やスペイン、イタリアのサルデーニャ島などで栽培されている品種。酸味がおだやかで、ベリーのジャムやプルーン、チョコレートの香りに、少し野性的なニュアンスも。スパイスを使った料理と合わせて。

サンジョヴェーゼ

軽めも重めもいける
イタリア黒ブドウの代表格

トスカーナ地方の代表ワイン・キャンティの主な材料。産地や醸造方法により風味が変わり、価格が安いとチェリーのようにフレッシュで、高価なものだといちじくのように凝縮した味わい。トマトソースとの相性は最高!

ブドウの品種もワインの味わいを決める要素。品種の特徴をつかめば
ワイン選びもペアリングも自由自在！ ここでは、赤ワインの原料である
黒ブドウの代表品種をご紹介します。黒ブドウは皮が青紫～黒。
この皮から抽出される色素がワインの色や味を左右します。

ネッビオーロ

イタリア最高級のワインを生む高貴なブドウ

ピエモンテ州を代表する"王のワイン"バローロやバル
バレスコを造り出す品種。バラとスパイスの香りが特徴
的。しっかりしたタンニンで牛肉と◎。熟成させると香
りが複雑になり、トリュフなどきのこ料理と合います。

モンテプルチャーノ

1000円台で赤ワインを買うならこれがおすすめ！

高コスパで定評のあるイタリアの黒ブドウ。プルーンや
ブルーベリーを思わせる凝縮した果実味。タンニンはしっ
かりありつつ、まろやかで飲みやすい。いぶしたよう
な風味があり、ソーセージや薫製肉とぴったりです。

テンプラニーリョ

スペインが誇る
エキゾチックな情熱の赤ワイン

スペインを代表する黒ブドウ品種。プラムのような香り
は、樽で熟成するとドライいちじくやなめし皮を思わせ
る野性的な風味に。シナモンやタバコのような香りが加
わることも。スペインの特産品、生ハムとの相性が抜群。

MEMO

国によって名前も味も変わる!?

ジンファンデルのように、国によって呼び名
が変わる場合も。また、ワインは気候や土壌
の影響を受けやすいので、フランスのシラー
とオーストラリアのシラーズのように、同じ
品種でも国によって味わいは変わってきます。

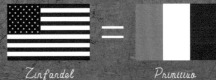

Zinfandel = *Primitivo*

ジンファンデル

とにかく濃厚！
ケバブなど中東料理とも◎

カリフォルニアで人気の黒ブドウ。イタリアではプリ
ミティーヴォと呼ばれています。ブルーベリージャムの
ような香りに強い果実味、とろっとした風味。バーベキ
ューやみそ煮込み、スパイス料理など味の濃い料理に。

この品種に注目！

マスカット・ベーリーA

日本ワインの父・川上善兵衛が
生み出したブドウ

アメリカ系品種とヨーロッパ系品種を交配させた日本固
有の黒ブドウ。フルーティーでタンニンが少なく、いち
ごのような甘みがあります。和食と相性がよく、お好み
焼きやたこ焼き、肉じゃがなどだしを使った料理に。

ツヴァイゲルト

バランスのいい味わいは家庭料理の強い味方

オーストリアを代表する黒ブドウ。ライトボディで酸味、
タンニンともに絶妙なバランスをもつフルーティーな赤
ワイン。魚料理から鶏料理、野菜料理まで幅広くペアリ
ングが可能。近年は北海道でも栽培されています。

バルベーラ

野菜にも合わせやすい
スパイシーな赤ワイン

主にイタリア北部で栽培されている品種。タンニンが少
なく、しっかりとした酸味。ハーブのような香りが特徴
で、軽めの肉料理やグリルした野菜料理、トマト料理と
合います。価格も手ごろなのでデイリーワインに最適。

マルベック

アルゼンチンで花開いたフランス原産ワイン

ポリフェノールを多く含み、フランスでは「黒ワイン」と呼
ばれる色の濃い赤ワイン。現在はアルゼンチンが主要産
地。しっかりしたボディですが、タンニンはやわらかく
フルーティー。直火で焼いた肉やジビエと相性よし。

\ ざっくり解説 /

「有名だけど、いったいどんな味?」
よく聞く品種の味の特徴を知ろう

代表的な品種はこれ!

シャルドネ

魚介料理と相性◎。
みんな大好き白ブドウNo.1!

代表産地はブルゴーニュで、有名な辛口白ワイン・シャブリの原料。世界各地で栽培されており、ニューワールドではよりリッチな味わいに。樽発酵させたものはバターのような風味で、クリームを使った料理と合います。

ソーヴィニヨン・ブラン

さわやかな白を飲みたいときは、やっぱりこれ!

世界中で人気の白ブドウ。冷涼な土地ではハーブや柑橘系、あたたかい場所ではトロピカルフルーツと、産地によって香りは違っても、すっきりさわやかな味わいは共通。ハーブを使った料理やフレッシュチーズにぴったり。

MEMO

香りが魅力のアロマティック品種

ソーヴィニヨン・ブランやリースリングなど、香りが強くてワインにもその香りが出やすいブドウをアロマティック品種と呼びます。樽などの風味をつけずに発酵・醸造することが多く、フレッシュな味わいのワインに。

リースリング

香り高い山の白ワインは豚肉とベストマッチ

フランス・アルザス、ドイツ、オーストリアの主要品種。桃やアプリコットの香りに伸びやかな酸味、ミネラル感が特徴。辛口から甘口、泡までさまざまなワインが造られます。上品な味わいは豚肉や天ぷらなど和食とも◎。

シュナン・ブラン

すっきりとした味わいで料理を選ばない優等生

フランス・ロワールや南アフリカが主な産地。甘口、辛口、泡など多様なワインが造られています。洋梨を思わせる果実感にカモミールのような香り。クセがなく、和食やアジア料理、魚介、野菜など幅広く合わせられます。

ピノ・ブラン

フルーティーな風味はチーズと相性バッチリ!

フランス・アルザス、ドイツ、イタリア北部が主な産地。さわやかで桃のような果実味。ナッツのようなフレーバーが出ることも。チーズやあっさりした豆料理、卵料理に合うほか、和食全般と違和感なくなじみます。

ピノ・グリ

白ブドウだけれど青紫色!? 味わいもこっくり

主要産地のフランス・アルザスでは、芳醇な香りのコクのある白ワインが造られており、中とろと合わせると最高。イタリアではピノ・グリージョと呼ばれ、よりすっきりしたワインに。オレンジワインの原料としても人気。

ゲヴュルツトラミネール

バラやライチが香る
アロマティック品種の王様

フランス・アルザスが代表産地。香りの種類の多さ、華やかさはワイン用ブドウの中でもNo.1! バラ、ライチ、柑橘類、桃、スパイス、しょうがなどさまざまな香りが。スパイシーな風味もあるのでアジア料理、中国料理に◎。

ヴィオニエ

花の香りが口じゅうに広がる!
香り系ブドウの女王

フランスのコート・デュ・ローヌが主要産地。ローヌを代表する白ワイン、コンドリューの原料。ユリを思わせる香りに、マンゴーのようなリッチな果実味が魅力。エキゾチックな香りもあるのでエスニック料理とマッチ。

白ワインの材料となる主な品種が白ブドウ。黄緑やピンクの皮をもつ
白ブドウは、個性がさまざま。そこから多彩な味わいが生まれます。
白ブドウの特徴を知ることは、自分の好みや料理と合うワインを見つける近道。
まずは名前だけでも覚えてください。

ミュスカデ

シーフードに合わせるならこれ! コスパも◎

フランス・ロワールが主要産地。軽い口当たりで昼飲み
にも最適。柑橘系の香りやさわやかな風味は、牡蠣など
魚介類と合います。シュール・リーという醸造法で造ら
れたものはうまみがあり、和食にも寄り添ってくれます。

セミヨン

世界最高峰の貴腐ワインを生み出す名脇役

ボルドーが有名産地。辛口タイプはふくよかな味わいで
魚料理や豚肉料理全般に合います。また、甘口も造られ、
名高い貴腐ワイン・ソーテルヌの原料としても有名。長
期熟成に向き、長く熟成すると黄桃のような風味に。

トレッビアーノ

イタリアの人気白ブドウは
地中海のレモンの香り

イタリアで最も多く栽培され、フランスでも主要な白ブ
ドウ。レモンやライムのようなさわやかな酸味をもち、
軽快な白ワインに。カジュアルにパスタやピザと合わせ
てもよし、軽い野菜料理との組み合わせもGOOD。

MEMO

同じブドウから甘口も
辛口もできる!

白ワインの特徴は、甘口と辛口がある
こと。辛口といってもピリ辛ではなく、
甘くない（糖分が少ない）という意味。
同じ白ブドウでも発酵段階で糖分を残
せば甘口のワインができます。少し甘
い「半甘口」もあります。

アルバリーニョ

ほんのり塩味!?
ミネラル感のある海のワイン

スペインの海側の産地で人気のブドウ。最近は新潟の
海エリアでも栽培され、話題に。柑橘系や桃の果実味に
塩を思わせるミネラル感があり、たこのカルパッチョな
どシーフード料理と相性抜群。天ぷらなど和食にも◎。

この品種に注目!

甲州

日本の伝統品種。
ほっこりした和食に合わせたい

原産はカスピ海。シルクロードを経て日本に渡り、地場
品種となった白ブドウ。まろやかな酸味と和の柑橘系の
味わいで和食にぴったりです。最近はオレンジワインを
造るワイナリーもふえ、多様な味わいが楽しめるように。

グリューナー・フェルトリーナー

2000円台で選ぶならこれ!
ミネラル感が魅力

オーストリアの代表的な白ブドウ。グレープフルーツの
果実味に強いミネラル感が特徴。塩で食べる焼き鳥や、
少し苦味のある野菜とぴったり。アスパラとは珠玉の組
み合わせ。おいている店は少ないですが探す価値あり。

マルヴァジア

地中海〜イベリア半島に広がる白ブドウ兄弟

イタリア、スペイン、ポルトガルなどで多くの亜種をも
つ白ブドウの総称。桃のような果実味をもつフルーティ
ーな味わいで、チーズ料理やパスタ、豚肉と合います。
エミリア・ロマーニャで造られるオレンジワインも絶品。

マスカット

ご存じマスカットは、実はワイン用の古代品種

生食用のイメージが強いマスカットですが、ギリシャ原
産の古いワイン用品種でもあり、フランスやイタリアな
ど世界各地で栽培されています。アロマあふれるフルー
ティーで甘い味わいはフレッシュチーズと合わせたい。

\ 知っているようで知らない /
ワインがわかるキーワード

ピンクにオレンジ、魅力的なワインがいっぱい！

スパークリングワイン（泡）

シュワシュワの泡が魅惑！
各地で呼び名はさまざま

発泡性のワインの総称。有名なシャンパンは、フランス・シャンパーニュ地方で造られ、法律で定められた条件を満たしたスパークリングワインのこと。シャンパン以外にはフランスのクレマンやヴァンムスー、イタリアのスプマンテ、スペインのカヴァなどと呼ばれます。最近流行の自然派スパークリング、ペットナットも要注目。

ロゼワイン

世界的に人気！
身も心もとろける
バラ色の液体

主に黒ブドウから造られるピンクのワイン。ロゼというと甘口のイメージですが、料理と合わせやすいのは辛口のロゼや、発泡性のロゼスパークリング（写真右）。軽めのロゼは家庭料理やアペリティフに。濃いめなら肉料理にも◎。

オレンジワイン

古くて新しい、白・ロゼ・
赤に次ぐ第4のワイン

白ブドウをしぼったあと、果皮や種といっしょに発酵させることにより、オレンジ色になったワイン。ジョージアで伝統的に造られてきたワインですが、近年は世界的に流行。白ワインに比べて香りが複雑でうまみが強いものが多く、ペアリングは魚から肉まで万能！ 独特の渋味が魚介の生ぐささを消してくれるため、和食とも合います。

薄旨系赤ワイン

うまみたっぷり！
赤ワインの新トレンド

赤ワインの一種ですが、最近人気が高まっているのがこのタイプ。品種はガメイやピノ・ノワールなどさまざまですが、色が淡く、口当たりは軽いけれどエキスをしっかりもっているのが特徴。だしのような味わいがあり、和食にもおすすめ。ナチュラルワイン好きがはまる味わいで、「薄旨系で〜」と言うと、通じる店では通じます。

使ってみると通っぽい!? 味わいを表す用語

ボディ

重い or 軽い？ ワインの重厚感を示す言葉

ボディはワインを口に含んだときに感じる、重厚感やリッチさを表す言葉。「ライトボディ」は軽く、「フルボディ」は濃厚で重い印象。「ミディアムボディ」は中間。赤だけでなく白もボディで味わいを表現することがあります。

樽感

樽の味わいをワインにどう生かすかは
造り手しだい

ワインを新樽で発酵・熟成したとき、樽からにじみ出るエキスがワインにちょい足しされて出る味わいを「樽感」「樽っぽい味」と表現します。具体的にはナッツやバニラ、コーヒー、スモークの香りなど。

赤ワイン、白ワインだけじゃないのが、ワインの世界の奥深さ。
ロゼワインやオレンジワインなど定番以外の選択肢も知っておくと
ペアリングの幅が広がります。さらに「自然派ワインってどういうもの?」など
話題のテーマや、いまさら人に聞けない用語も解説します。

言葉がわかると、ワインがもっと楽しくなる!

自然派ワイン

ビオ≒ナチュール!? 自然派ワインの基礎知識

ビオ(オーガニック)ワインはブドウの「農法」が自然にやさしい方法であること、ナチュラルワイン(ヴァン・ナチュール)は農法に加えて「醸造」まで自然を生かした方法であることを意味します。明確な定義はありませんが、有機農法で栽培したブドウで造ること、醸造において野生酵母を用い、化学的な添加物は使わないこと、酸化防止剤をできるだけ添加しないことなどが共通認識となっています。かつては勘違いや知識不足から「自然派ワインはくさい」と言われたこともありましたが、近年は醸造技術も発達し、ブドウの味わいを生かした個性的でおいしいワインとして人気が上昇。最近はEUをはじめ各国で有機栽培のガイドラインが整備され、「認証マーク」がついたワインもふえています。ショップなどでどれが自然派ワインかわからないときは、この認証マークを参考に。

自然派ワインの相関図

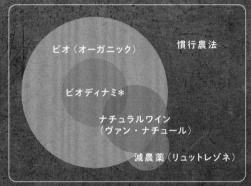

慣行農法
ビオ(オーガニック)
ビオディナミ*
ナチュラルワイン
(ヴァン・ナチュール)
減農薬(リュットレゾネ)

*ビオディナミ ドイツの思想家ルドルフ・シュタイナーが提唱。有機農法に加え、天体の運行に合わせて栽培を行い、土壌のエネルギーや、ブドウの生命力を高める農法。

主な認証マーク

 ユーロリーフ
(Euro leaf)

 エコセール
(ECOCERT)

 AB(Agriculture Biologique)

酸化防止剤

ワインの味わいにも大きく影響する保存料

二酸化硫黄、亜硫酸、SO_2……これらはすべて同じもので、ワインの酸化防止剤(保存料)。ワインの流通や保存には必要ですが、多すぎると味わいを損ねることも。さらに翌朝の二日酔いにも影響が!? 上図のユーロリーフなど一部の有機栽培認証機関は、酸化防止剤の上限量を低く設定しているので、気になる人は認証ワインがおすすめ。

ヴィンテージ

いい年? 悪い年?
いいえ、「その年」です!

ヴィンテージとはブドウの収穫年を意味し、ラベルに明記されていることも。巷では「この年はワインの当たり年」といったりもしますが、どの造り手も毎年おいしいワインを造ろうとしています。気候などにより多少の味の違いは出るかもしれませんが、その味が生きるペアリングもあります。「その年の味」を楽しんで。

エチケット

ラベルの読み解き方は
プロでも悩む永遠のテーマ

エチケットとはワインのラベルのこと。①ワイン名、②品種名、③造り手名、④産地名、⑤色、⑥ヴィンテージ、⑦アルコール度数などが書かれていることが多く、ワインの味わいを探る手がかりになりますが、自然派ワインにはこれらがほとんど書かれていない場合も。そうなると、もうお手上げ! そんなときは店員さんかVivino*さんに聞きましょう。

*エチケットの写真を撮るとワインの情報が出てくる、すぐれものアプリ。しかも無料!

エチケットの例

生産者名
ワイン名&品種名
ドイツのオーガニック認証機関によるビオディナミの認証マーク
ワインの産地名

\ひと目でわかる! /
このワインってどんな味?

それぞれのレシピに合う
ワインがわかるように
ソムリエが1品1品
アイコンをつけました

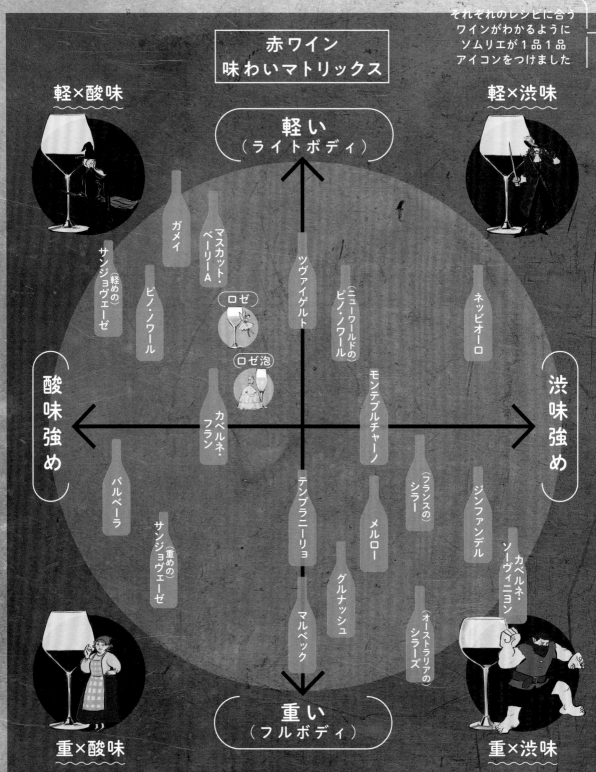

赤ワイン 味わいマトリックス

軽×酸味

軽×渋味

軽い
（ライトボディ）

ガメイ

マスカット・ベーリーA

ツヴァイゲルト

（ニューワールドの）ピノ・ノワール

ネッビオーロ

（軽めの）サンジョヴェーゼ

ピノ・ノワール

ロゼ

ロゼ泡

モンテプルチャーノ

酸味強め

渋味強め

カベルネ・フラン

バルベーラ

（重めの）サンジョヴェーゼ

テンプラニーリョ

メルロー

（フランスの）シラー

ジンファンデル

カベルネ・ソーヴィニヨン

グルナッシュ

マルベック

（オーストラリアの）シラーズ

重い
（フルボディ）

重×酸味

重×渋味

ここまで紹介してきた赤ワイン、白ワインのブドウ品種の中から
食事に合わせやすいものを抜粋し、味わい別にマッピングして
みました。各レシピに載せているおすすめワインのアイコンにも
対応しているのでワイン選びやペアリングの参考にしてください。

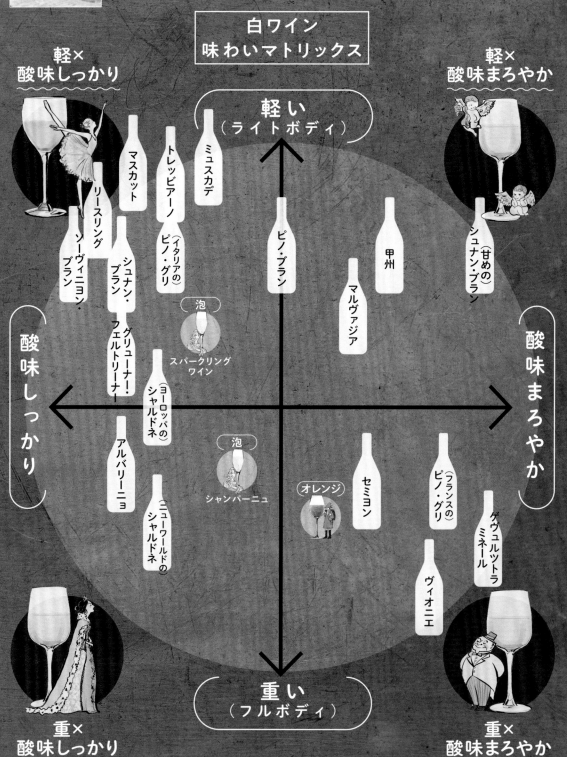

白ワイン 味わいマトリックス

軽×酸味しっかり

軽×酸味まろやか

軽い（ライトボディ）

酸味しっかり

酸味まろやか

重い（フルボディ）

重×酸味しっかり

重×酸味まろやか

マスカット

トレッビアーノ

ミュスカデ

リースリング

ソーヴィニヨン・ブラン

シュナン・ブラン

グリューナー・フェルトリーナー

（イタリアの）ピノ・グリ

ピノ・ブラン

マルヴァジア

甲州

（甘めの）シュナン・ブラン

泡 スパークリングワイン

（ヨーロッパの）シャルドネ

アルバリーニョ

（ニューワールドの）シャルドネ

泡 シャンパーニュ

オレンジ

セミヨン

（フランスの）ピノ・グリ

ヴィオニエ

ゲヴュルツトラミネール

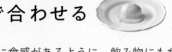
こういう視点で組み合わせるとおいしくなる

ワイン×つまみ ペアリングのコツ

食感で合わせる

食材や料理に食感があるように、飲み物にも食感があります。たとえばミネラルウオーターの硬水と軟水では口当たりが違いますよね。同様にワインも土壌などの要因によってさまざまな食感が生まれます。この「食感」に焦点を当て、汁けの多いさらっとした料理にはさらっとしたワインを、とろっとしたクリームソースにはとろっとしたワインを合わせてみましょう。口の中で料理とワインがとけ合い、心地よい調和を感じるはずです。

色で合わせる

緑がかった白ワイン、黄色みの強い白ワイン、オレンジワイン、ロゼワイン、明るい朱色の赤ワイン、紫寄りの赤ワイン……ワインにはさまざまな色合いがあります。このワインの色と料理の全体的な色合いを合わせるのも、ペアリングの基本。たとえばまぐろの赤身には赤ワイン。白身魚や鶏肉には白ワインを。例外はあるもののたいてい色を合わせると不思議と味もマッチします。

酸味で合わせる

酸味は料理の重要な要素。まず、すっぱい料理には酸味がしっかりしたワイン、酸味が少ない料理には酸味が少ないワインを合わせてみましょう。料理に酸味を足したいときに酸味のあるワインを合わせるのも手。さらに酸味のタイプにも注目を。レモンのようなフレッシュな酸、ヨーグルトのようなまろやかな酸、酢のようなうまみをもつ酸……ワインの酸味もこの3種類に分けられます。酸味のタイプ別にペアリングができたら上級者！

渋味で合わせる

赤ワインの渋味が苦手な人もいるようですが、ぜひ渋味と相性がいい油脂と合わせてみてください。「おいしいものは脂肪と糖でできている」などといいますが、肉のしつこい脂は赤ワインの渋味成分・タンニンと口の中でまざり合うと、うまみに変わります。さらにレベルアップするなら、サシの入った和牛サーロインには渋味の強い赤ワイン、赤身のオージービーフには軽めの赤ワインなど、肉の脂とタンニンの量を合わせてみましょう。

肉には赤ワインなどといわれますが、実際に牛肉と豚肉と鶏肉では
食感も色も味わいも違い、合うワインも異なります。
このようにさまざまな要素を勘案して食材の味を引き立てるワインを選ぶのが
ペアリング。ワイン初心者でもとり入れやすいコツをご紹介します。

格（値段）で合わせる

黒毛和牛に大とろ……食材は高級になるほどうまみが強くなります。
ワインもしかり。価格が上がるにつれて味の余韻が長くなります。
この味わいのスケールを合わせるのもペアリングの秘訣です。格調
高い高級食材にはそれ相応のワインがつり合うもの。食材とワイン
の値段を合わせて楽しみましょう。たとえばすき焼き用に5000円
分の和牛霜降り肉を買ったなら、ワインも5000円台の赤ワインを
奮発して。自宅で最高の食体験が味わえるはずです。

海か山かで合わせる

海の近くで造られたワインは、潮のような味を感
じることがあります。味わいもフレッシュなもの
が多く、魚介向き。対して山で造られたワインは、
酸味も果実味も強くてメリハリがあり、こっくり
とした味わいの料理に合います。ブイヤベースな
らイタリアやポルトガルの海寄りの地域のワイン、
きのこ料理ならフランス・アルザスなど山岳地帯
のワインにするというように、海の幸か山の幸か
という視点でワインも選んでみては？

気分で合わせる

晴れの日と雨の日では飲みたいもの
も違ってきませんか？ 晴れの日は
すっきりした白ワインが、雨の日は
しっとりした赤ワインが気分に合う
はず。暑い日はごくごく飲めるスパ
ークリング、ゆううつな日は少し甘
めのワイン、いいことがあった日は
少し高級なブルゴーニュ……その日
の気分に寄り添うワインを選び、そ
のワインに合わせて料理を決める、
なんていうのも楽しいかも。その日
においしく感じるものは、体が教え
てくれます。

水で合わせる

料理に欠かせないのが水。特にだしを使う和食は、水の料理といわ
れるくらい水を大事にします。この「水分」もペアリングでは大切
な要素。スープや煮込み、リゾットなど水分が多い料理には、雨が
多い気候の産地（日本、ポルトガルなど）のワインや、雨の多い年
のワインを。炭火焼きなどの焼き物、水分をとばすいため物には、
乾燥した産地（スペイン内陸部、オーストラリアなど）のワインや、
雨の少ない年のワインを合わせても。

\ ざっくり解説 /

日本酒の種類、とりあえずこれだけは覚えて!

日本酒は主に3タイプに分けられる!

いきなりたくさんの種類を覚えなくてもOK。
まず、①原料、②精米歩合、③製法によって
3つのタイプに分けられることを押さえて。

純米酒系
味わいしっかり。米本来のうまみを感じるお酒

❶ 原料
米＋米麹＋水のみ

本醸造酒系
すっきり＆軽やか！キレのある味わいのお酒

❶ 原料
米＋米麹＋水＋醸造アルコール

❷ 精米歩合
70％以下

吟醸酒系
磨いた米で造られたフルーティーな香りのお酒

❶ 原料
米＋米麹＋水（＋醸造アルコール）

❷ 精米歩合
60％以下

❸ 製法
吟醸造り

MEMO

醸造アルコールって何？

主にサトウキビを原料とした食用アルコール。日本酒に加えることで品質を安定させる役割を担うほか、香りをきわ立たせたり、飲み口をすっきりさせたりするなどの効果も。

精米歩合って何？

日本酒の原料となる米の磨き具合のこと。米の表層を磨けば磨くほど雑味の少ない淡麗の味わいになります。精米歩合60％なら米を40％磨き上げた、という意味。

吟醸造りって何？

よく磨いた米を低温でゆっくり発酵させる製法で、香り高いお酒に仕上がります。造り方に明確な統一基準はなく、蔵元ごとに独自の手法で醸造しています。

さらに分けると8種類!

純米酒、本醸造酒、吟醸酒は
さらに原料や製造方法の違いなどによって
8種類に分けられます。
この8種類を特定名称酒といいます。

特定名称酒

精米歩合	米、米麹	米、米麹 ＋ 醸造アルコール
規定なし	① 純米酒	
70％以下		⑤ 本醸造酒
60％以下	② 特別純米酒	⑥ 特別本醸造酒
60％以下	③ 純米吟醸酒	⑦ 吟醸酒
50％以下	④ 純米大吟醸酒	⑧ 大吟醸酒
	純米酒系	本醸造酒系

吟醸酒系

＊規定量以上の醸造アルコールや、甘味料などの原材料を使っている日本酒は「普通酒」といい、「特定名称酒」と区別されています。

同じ銘柄の日本酒でも、純米酒だったり、純米大吟醸酒だったり。
日本酒は種類が多いし名前も似ていてよくわからない……と思っていませんか?
でも、何が違うのかポイントさえわかれば、日本酒選びがぐっとスムーズに。
ここでは基本の8種類をご紹介します。

基本の8種類はこれ!

純米酒

**どんな料理にも合わせやすい
包容力抜群のお酒**

米と米麹と水だけで造られたお酒。ふくよかな米の香りが特徴。うまみやコクがしっかりとしており、日本酒好きに評価高し。常温でおいしく、お燗にしても◎。冷ややっこやぶり大根や肉じゃが、シーフードグラタンをはじめ、塩辛などの珍味系、缶詰を使った料理など幅広い料理と合うので、ふだんの食卓で気軽に楽しめます。

純米吟醸酒

**日本酒ビギナーでも飲みやすい
さわやかな風味**

原料は米と米麹と水のみ。精米歩合が60%以下で、「吟醸造り」で造られたお酒。米を磨き、低温で時間をかけて発酵させることで、フルーティー＆軽やかな飲み口のお酒に。冷酒にするとさわやかさUP。豚しゃぶサラダなど冷たい料理はもちろん、マヨネーズを使ったチキン南蛮や、甘酢あんかけなどコクのある料理とも実は好相性。

本醸造酒

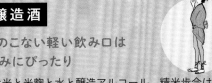

**飽きのこない軽い飲み口は
家飲みにぴったり**

原料は米と米麹と水と醸造アルコール。精米歩合は70%以下。キレのある辛口の味わいに軽快な口当たりが特徴。クセが少ないので、貝の酒蒸しやおひたし、そばやグリルした魚・肉料理や揚げ物まで幅広い料理と合わせられます。冷やすとすっきり感がきわ立ちますが、常温でもおいしく飲めます。コクがあるタイプなら熱燗にしても。

吟醸酒

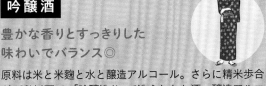

**豊かな香りとすっきりした
味わいでバランス◎**

原料は米と米麹と水と醸造アルコール。さらに精米歩合が60%以下で、「吟醸造り」で造られたお酒。醸造アルコールが加わることで香りが引き立ち、キレのある味わいに。香りがキモなので、冷酒で楽しむのがおすすめ。合わせる料理もシンプルな味つけがベター。旬の刺し身や海鮮サラダ、天ぷらや牛すじの煮込みなどと合わせて。

特別純米酒

**原料や醸造方法にこだわった
「特別」な純米酒**

純米酒と同様に、原料は米と米麹と水のみ。さらに精米歩合が60%以下、または特別な醸造方法で造られたものが特別純米酒。醸造方法に明確な規定はありませんが、有機栽培を使ったり、木製のしぼり機でしぼったりなどの例が。風味の特徴などは純米酒と同じですが、原料や製法のこだわりが味わいにも反映されています。

純米大吟醸酒

**華やかな香りと甘みを楽しめる
エレガントなお酒**

原料は米と米麹と水のみ。さらに精米歩合が50%以下で、「吟醸造り」で造られたお酒。純米吟醸酒米よりさらに米を磨き上げることで、芳しい香りや雑味のない味わいに。お燗にすると香りがとんでしまうので、ぜひ冷酒で。料理も魚介と柑橘のカルパッチョや、ハーブを使用した料理、生ハムやチーズ類など、あっさりとしたものが◎。

特別本醸造酒

**蔵元の特別なこだわりが
詰まった本醸造酒**

原料は米と米麹と水と醸造アルコール。さらに精米歩合が60%以下、または特別な醸造方法で造られた本醸造酒。特別純米酒と同様に、蔵元独自の原料や製法で造られています。風味の特徴などは本醸造酒と同じですが、精米歩合が低いものは、味わいはよりクリアに。また、原料や製法の工夫によりさまざまな特徴が加わります。

大吟醸酒

**キレよし、香りよし。
ドライな風味を堪能して**

原料は米と米麹と水と醸造アルコール。精米歩合が50%以下で、「吟醸造り」で造られたお酒。吟醸酒よりさらに洗練された味わいに。口当たりが比較的軽く、キリッとした表情をときおり見せてくれるのも魅力。吟醸酒と同様、ぜひ冷酒で。ハーブとチーズを使った料理や、薫製食材と合わせると上質なマリアージュが楽しめます。

\ ざっくり解説 /

日本酒の造り方から
味わいの特徴がわかる!

日本酒は こうやってできる！

日本酒造りは大きく分けると、①精米、②麹造り、③酒母造り、④もろみ造り、⑤上槽〜瓶詰めの5段階。流れだけでも押さえて！

＊この製造工程は一般的な流れ。商品や蔵元によって異なる場合もあります。

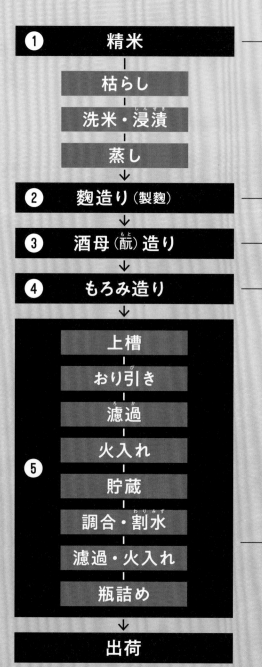

① 精米
枯らし
洗米・浸漬
蒸し

② 麹造り（製麹）

③ 酒母（酛）造り

④ もろみ造り

⑤
上槽
おり引き
濾過
火入れ
貯蔵
調合・割水
濾過・火入れ
瓶詰め

出荷

① 精米

原料の米の表面を削ります。削ると摩擦で米が熱を帯びるので、冷暗所で保管（枯らし）したあと、洗って水につけ（洗米・浸漬）、蒸します。

② 麹造り

蒸した米（蒸米）に麹菌の胞子を振りかけて繁殖させ、麹を造ります。麹は米のデンプンをブドウ糖にかえる大事な役割を果たします。

③ 酒母造り

容器に麹と水、蒸米、酵母、乳酸または乳酸菌を入れ、酵母を大量に増殖させます（酒母）。この酒母がブドウ糖をアルコールにかえます。

④ もろみ造り

タンクに酒母を入れ、水、蒸米、麹を3回に分けて加え、発酵させます（発酵させた状態がもろみ）。発酵後に醸造アルコールを加える場合も。

⑤ 上槽〜瓶詰め

もろみをしぼって酒と酒粕に分け（上槽）、酒に浮いた米の破片などを沈殿させてとり除き（おり引き）、濾過後に約65度まで加熱して殺菌を行います（火入れ）。一定期間貯蔵して熟成させ、水を加えてアルコール度数を調整（調合・割水）。もう一度濾過、火入れして瓶に詰めます。

「あらばしり」に「無濾過」に「ひやおろし」。純米酒や本醸造酒、
吟醸酒はクリアしても、まだまだある謎の用語。ラベルに書いてあるから
見覚えはあっても、意味はよくわからないというかたも多いのでは?
これらは日本酒の造り方を知ることで理解しやすくなります。

あの用語はこういう意味!

生酛造り、山廃仕込み

**昔ながらの造り方から生まれる
パワフルな味わい**

伝統的な酒母造りの製法。手作業で蒸米や麹をすりつぶし(山おろし)、空気中の乳酸菌をとり入れて酵母を培養します。乳酸と人工培養した酵母を使う一般的な酒母造りに比べて手間ひまがかかりますが、うまみが濃厚でしっかりした味わいに。山おろしの工程を省いた「山廃仕込み」という製法もあり、生酛造りと似た風味。

あらばしり、中汲み、責め

**しぼりたてからしぼりきるまで
変化する味わい**

上槽の工程でもろみをしぼった際、最初に出てくるお酒が「あらばしり」で、フレッシュな風味が特徴です。途中で出てくるお酒は「中汲み」と呼び、バランスのよさが魅力。最後に出るお酒は「責め」といい、濃厚な味わいに。この3種類をブレンドしたものが出荷されることが多いですが、最近は別々に瓶詰めされることも。

生酒、生貯蔵酒、生詰め酒

**「火入れ」のタイミングや
回数で風味も変化**

通常は日本酒の保存性を高めるために、濾過後と瓶詰め前の2回、火入れを行います。それを一切行わないのが「生酒」。華やかな香りやフレッシュな味わいが魅力です。1回目の火入れを行わない「生貯蔵酒」、2回目の火入れを行わない「生詰め酒」は、新鮮な風味に加えてまろやかさも。いずれも劣化しやすいので冷蔵室で保存して。

原酒

パンチのきいた原酒は日本酒の魅力たっぷり

割水を行わずに造った日本酒のこと。水を加えていないのでアルコール度数が高く、香りや味わいも濃厚。日本酒好きにはたまらない風味ですが、少し飲みにくいと感じたら氷を入れてオン・ザ・ロックで味わうのがおすすめ。最近は、濾過も火入れも割水もせず、究極のフレッシュさを堪能できる「無濾過生原酒」も人気です。

三段仕込み、四段仕込み

**酵母をじっくり育てながら
発酵させる仕込み方法**

もろみ造りの工程では、水、蒸米、麹を一気に加えると酵母の働きが弱くなるので、通常は3回に分けて少しずつ仕込み、じっくり発酵させます(「三段仕込み」)。三段仕込みのあとにもう1回仕込みを追加して甘みを強める方法もあり、「四段仕込み」と呼びます。4回目は蒸米のほか、もち米やうるち米、甘酒などを加えることも。

無濾過

**日本酒本来のうまみや
力強い味わいを楽しんで**

通常、日本酒は活性炭で濾過されますが、あえてその工程を省いたのが「無濾過」。できたての状態に近く、雑味は残るものの、しっかりとしたインパクトのある味わいにファンが急増中。なお、「無濾過」と表示されていても、品質を保つために濾紙やフィルターなどに通す「素濾過」は行っているというケースもあります。

新酒、しぼりたて、ひやおろし

**初春は若々しい新酒、
秋は熟成のひやおろしを**

酒造りでは7月から翌年6月までが1年度で、年度内に出荷されたお酒が「新酒」です。また、秋冬に仕込み、冬から春に出荷する生酒を新酒(または「しぼりたて」)と呼ぶことも。一方、冬に醸造し、春から夏にかけて熟成させ、秋に出荷するお酒が「ひやおろし」。ひやおろしは瓶詰め前の火入れを行わない生詰め酒が主流です。

古酒、長期熟成酒

個性の強い古酒はクセのある食材と相性よし

「古酒」とは年度を越して出荷された日本酒のこと。また、長期間熟成させたお酒を古酒(または「長期熟成酒」)と呼ぶこともあります。日本酒の種類や熟成方法によって特徴は異なりますが、熟成が増すと色合いが濃くなり、香りや味わいも濃厚で複雑味が増す傾向が。チーズなど熟成風味の食材や薫製、濃い味の料理と合います。

＼ ざっくり解説 ／
日本酒を知るヒント＆キーワード

日本酒のラベルは情報の宝庫！

ここまで解説してきた用語の多くはラベルに記載されています。特定名称や精米歩合、製法がわかるだけでも特徴が見えてくるはず。

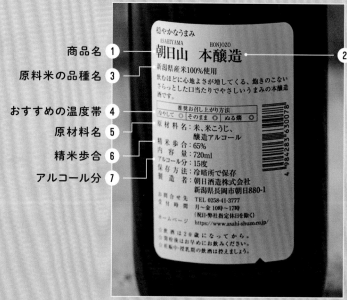

商品名 **1**
原料米の品種名 **3**
おすすめの温度帯 **4**
原材料名 **5**
精米歩合 **6**
アルコール分 **7**

2 特定名称

そのほかの表示事項

メーカーによって表示内容は多少異なりますが、ほかにも「生酛」「無濾過」「生貯蔵酒」といった製法の特徴や、酵母の種類、日本酒内の糖分や酸、アミノ酸の含有量といった成分の情報が記載されていることも。

この日本酒も要チェック！

紹介した以外にも個性あふれる日本酒がたくさん。
お店で見かけたらぜひトライして、自分好みのお酒を見つけてください。

おりがらみ

白みがかった色から「かすみ酒」の別名も

「おり」とは、もろみをしぼった際に酒に浮いている米の破片や酵母などのこと。通常、おりは沈殿させてとり除きますが、それを残したまま造ったのが「おりがらみ」。うっすらにごって、米のうまみを強く感じるお酒。

にごり酒

白濁した色合いとやさしい甘みに癒やされる

目のあらい酒袋でもろみをしぼって造った日本酒。おりがらみよりおりの量が多く、米の風味もより濃厚。火入れをしていない「活性にごり酒」は酵母が生きたままなので、瓶内で発酵が進み、発泡感を楽しめるものも。

スパークリング日本酒

シュワシュワの口当たりはシャンパンのよう

炭酸ガスが含まれている日本酒。上記の活性にごり酒のほか、もろみを火入れせずに瓶詰めするか、日本酒に酵母を追加して瓶内で発酵させる「瓶内二次発酵方式」、人為的に炭酸ガスを加えた「炭酸ガス注入方式」も。

季節限定のお酒

季節感のある日本酒を選ぶのも粋な楽しみ方

初春のしぼりたて、秋のひやおろしはその時期ならではの味。春にはかすみを思わせるおりがらみ（かすみ酒）やピンクラベルのお酒が、夏にはブルーのボトルや爽快な味わいのお酒が店に並びます。日本酒で季節を感じて。

＼ひと目でわかる！／
この日本酒ってどんな味？

CHAPTER3 の料理に
合うお酒を、
それぞれアイコンで
おすすめしています。

日本酒の味わいは4タイプ

日本酒の味わいは香りと味の濃淡によって
4タイプに分かれます。
6種類の日本酒アイコン＋αを
味わい別にマッピングしてみました。

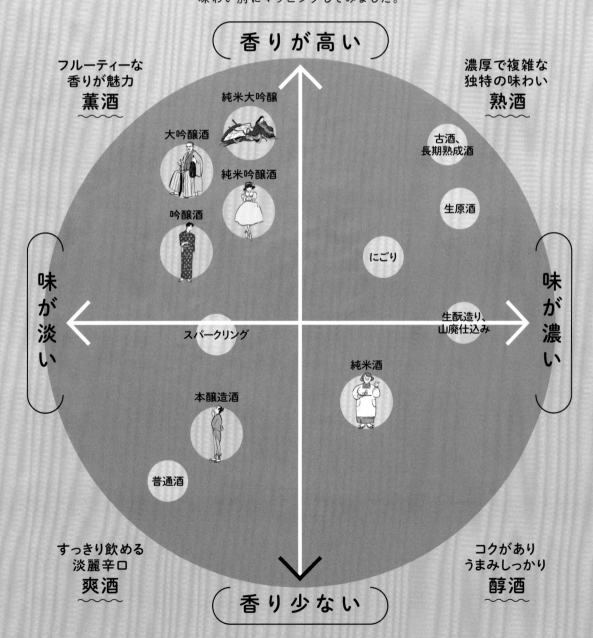

香りが高い

フルーティーな
香りが魅力
薫酒

濃厚で複雑な
独特の味わい
熟酒

純米大吟醸

大吟醸酒

古酒、
長期熟成酒

純米吟醸酒

生原酒

吟醸酒

にごり

味が淡い

味が濃い

生酛造り、
山廃仕込み

スパークリング

純米酒

本醸造酒

普通酒

すっきり飲める
淡麗辛口
爽酒

コクがあり
うまみしっかり
醇酒

香り少ない

\ こういう視点で組み合わせるとおいしくなる /

日本酒×つまみ
ペアリングのコツ

ポイントを知って ペアリング上手に

懐の深い日本酒は、比較的どんな料理にも合わせやすいもの。
ただ、味わいのタイプ（p.29）によって得意不得意はあるので、覚えておくと便利です。

香りで合わせる
——

お酒と香りの個性が近いものを合わせるのが鉄板。たとえばフルーティーな薫酒には、フルーツを使った料理が◎。逆に魚卵などにおいの系統が違う食材や香りの強い料理は避けたほうが無難。熟酒なら同じく熟成した香りのハードタイプのチーズがはまります。一方、香りがあまり強くない爽酒や醇酒は、いろいろな料理と合わせやすいともいえます。特に醇酒は香りが強い料理や、においにクセのある発酵食品もどっしりと受け止めてくれます。

味わいで合わせる
——

薫酒は香りを楽しむお酒なので、白身魚など淡泊な食材が合います。味つけもライト＆シンプルに。熟酒には、そのパワフルな味わいに負けない濃い味つけの料理、スパイス料理などがおすすめ。爽酒は味の傾向が近いさっぱり系の料理がマッチしますが、逆に揚げ物などを合わせても、爽酒が口の中をさっぱりさせてくれます。コクのある醇酒には、みそやしょうゆでしっかり味つけした料理を。また、クリーム系のまったり濃厚な料理も合います。

温度で合わせる

日本酒の大きな魅力は、冷やしたりお燗にしたり、温度を変えて楽しめること。お酒に合う温度にすることで味わいが引き立ちます。商品にもよりますが、薫酒なら香りがきわ立つ10度前後がおすすめ。熟酒は常温またはひと肌程度にあたためても。爽酒は5度くらいに冷やすのも熱燗も◎。醇酒は常温でおいしく飲めますが、40〜50度のお燗も味わい深い！ また、あたたかい鍋料理に熱燗など、料理と温度を合わせる楽しみ方もあります。

シチュエーションに合わせる
——

米をよく磨き上げる純米大吟醸酒や特殊な製法のお酒は、手間ひまがかかる分、価格も上がる傾向が。そうすると、高級＝いいお酒だと思うかたもいるようです。でも、たとえばにおいの強いいかの塩辛をつまみに純米大吟醸酒を飲むと、どちらも引き立たず残念なことに。カジュアルな家飲みなら、幅広く合わせやすい本醸造酒や純米酒が活躍します。値段が高いからいいのではなく、飲むシチュエーションに合うお酒がいいお酒なのです。

\ こんなときどうする？ /
ワイン&日本酒 お役立ちQ&A

「ワインの買い方がわからない」「日本酒はどこで保管すればいい？」…etc.
お酒初心者が知りたいことをソムリエに聞いてみました。

Q ワインや日本酒を飲むとき、
どんなグラスや酒器を選べばよいのでしょうか？

| about WINE |

A

おうちだから
何で飲んでもOK！
ただ、グラスによって
味わいは変わります。

どんなグラスで飲もうが、はたまた陶器の湯飲みで飲もうが自由です！ ただ、グラスの形によって香りや味わいが大きく変わるのも事実。グラスの口が大きく広がったタイプはタンニンをやわらげまろやかに。丸みを帯びて口がすぼまったタイプは繊細な香りを引き立ててくれます。細長いフルートタイプは泡がきれいに見えるのでスパークリングに。グラスを何種類かそろえて同じワインで飲み比べてみる、なんて遊びも◎。そんなにいくつもおけない、というかたには、木村硝子店の「ピッコロ10ozワイン」がおすすめ。価格もサイズもちょうどいい！

| about SAKE |

A

酒器によって日本酒の
印象はガラッと変化。
好きなお酒のタイプに
合う酒器を選ぶと◎

酒器の材質、形状、大きさによって日本酒の印象も変わってきます。p.29で日本酒の味わいは4タイプあるとご紹介しましたが、このタイプごとに合う酒器は異なります。香り高い薫酒タイプなら、香りが広がるようにグラスの口が広がったラッパ形のものがおすすめ。ワイングラスを使うのもオツです。濃厚な味わいの熟酒は少量ずつ飲むことが多いので、ショットグラスなどが適しています。すっきりとした爽酒は冷やで楽しむことが多いので、ぬるくならないように小ぶりの酒器が◎。コクのある醇酒は重厚感のある和風な酒器がハマります。季節によって材質を変えても風流です。

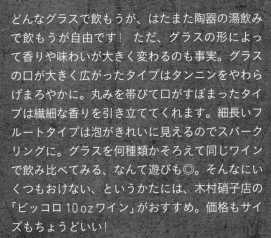

Q 酒屋さんに行っても種類がいっぱいあって、何を買ったらいいかわかりません……。

| about WINE |

A

相談できる店員さんが
いるかいないかで
買い方のコツは
大きく変わってきます。

ワインショップやデパートなど店員さんと話ができる場合、好きな味のタイプ（p.20〜21を参考に）と予算を伝えるのが近道。また、ひとつの品種でさまざまな産地、造り手、ヴィンテージのものを買いながら特徴をつかむのも楽しいです。基本的に相談ができないスーパーなどの場合、頼りになるのは値札などに添えられた説明文。産地と品種（p.10〜17を参考に）と価格、この3つがわかればだいたいの傾向はつかめます。ネットショップは情報量などが千差万別ですが、お店独自のおすすめコメントが書かれているショップは試す価値あり。自分と好みが合えばリピートしても。

| about SAKE |

A

自分の好みを上手に
伝えるのがポイント。
飲む量によっても
おすすめのお酒は違います。

店員さんに相談しながら買えるお店なら、自分の好みを伝えてみましょう。日本酒を飲み慣れていないなら「アサヒのスーパードライが好き」など、別のお酒で表現してもOK。また、どれくらい飲むかもポイント。たくさん飲むなら辛口でさっぱりとしたお酒、少しずつ味わうなら芳醇で余韻の長いお酒など、適したお酒が違ってきます。もちろん「こういう料理と合わせたい！」と伝えても。相談が難しい場合はラベルを見て（p.28を参考に）、スペックから判断するのがよいでしょう。ネットショップも便利ですが、ユーザーレビューなどは個人の感覚の差もあるので参考程度に。

Q 買ってきたワインや日本酒はどこに保管すればよいでしょうか？

| about WINE |

A

ワインは
温度の変化が大敵！
冷蔵庫や冷暗所で
保管しましょう。

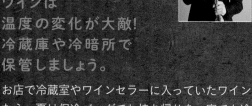

お店で冷蔵室やワインセラーに入っていたワインなら、夏は保冷バッグでお持ち帰りを。家でも冷蔵室での保管がベストですが、難しいなら温度の変化が少ない涼しい場所を探しましょう。抜栓したあとは、コルクでふたをして冷蔵室に。翌日飲んで問題なければ、何日かに分けて飲んで変化を楽しんでも。翌日味が落ちていたらその時点で飲みきってしまいましょう。ナチュラルワインは、なるべくその日のうちに飲みきるのがおすすめです。

| about SAKE |

A

保管場所の
判断基準は
「火入れしているか」。
開栓後は風味の変化を楽しんで。

一般的な2回の火入れを行ったお酒なら冷暗所での保管もOKですが、生酒など火入れを行っていない酒は、品質が変わってしまうので冷蔵室で保管を。長期低温発酵させて造った吟醸酒系も冷蔵室保存がベター。実は日本酒には賞味期限がありませんが、空気にふれると風味が変わるので、開栓後はその変化を楽しみつつ、10日前後で飲みきりたいもの。もし、いやなにおいがするなど劣化してしまったら、料理酒として活用しましょう。

この本の使い方

この本では、ペアリングを気軽に実践していただくために、各メニューに合ったワインや日本酒がひと目でわかるように工夫しています。

❶ メニューからお酒を選ぶ

レシピページには、各メニューに合うワインや日本酒の種類をアイコンで示しています。p.20〜21ではワインのアイコンを、p.29では日本酒のアイコンを味わい別にマッピングしているので、「このメニューにはこんなお酒が合う」という傾向をつかんで、お酒選びの参考にしてみてください。さらにソムリエからのアドバイスも掲載しています。

ワインや日本酒の
種類別アイコン

ソムリエからの
ワンポイント
アドバイス

ワインのアイコン一覧

赤ワイン	赤ワイン	赤ワイン	赤ワイン
軽×酸味強め	軽×渋味強め	重×酸味強め	重×渋味強め

白ワイン	白ワイン	白ワイン	白ワイン
軽×酸味しっかり	軽×酸味まろやか	重×酸味しっかり	重×酸味まろやか

ロゼワイン	オレンジワイン	スパークリングワイン	ロゼスパークリング

日本酒のアイコン一覧

純米吟醸酒　　純米大吟醸酒　　本醸造酒・特別本醸造酒

吟醸酒　　大吟醸酒　　純米酒・特別純米酒

❷ お酒からメニューを選ぶ

ソムリエが各メニューを試食して、どの種類のワインや日本酒と合うかをペアリングした表をp.140〜141で公開しています。ここを見れば、それぞれのお酒がどの料理と合うかが一目瞭然！「オレンジワインを買ったから、この料理を作ってみよう」というように、お酒を基準に料理を選んだりコースを組んだりすることができます。

この本の使い方

材料は2人分、4人分、作りやすい分量を基本として
● 小さじ1＝5mℓ、大さじ1＝15mℓです。
● 電子レンジは特に記載がない場合、600Wを基本としています。500Wの場合は加熱時間を1.2倍にしてください。機種によって加熱時間に多少の差があるので、様子を見てかげんしてください。
● フライパンは原則としてフッ素樹脂加工のものを使用しています。
● 野菜類は、特に記載がない場合、洗う、皮をむくなどの下処理をすませてからの手順を説明しています。
● 火かげんは、特に表記のない場合は中火で調理してください。

CHAPTER 1

2食材でサクッと
マリアージュ

食材と食材の組み合わせで生まれる
マリアージュのおいしさ。
調理はいたってかんたんなものでも、
味の組み合わせだけで極上のおいしさを
生み出すことができます。
2つの食材と、プラス調味料やハーブ。
「え?」と思う意外な共演を、味わってみてください。
これにワインや日本酒を口に含んだときの
幸福感は言葉にできません。
自由に合わせる、おうちペアリングの始まりです。

【 ワイン監修 】

岩井穂純
HOZUMI IWAI

都内のワインバー、レストランを経て、神楽坂「ラリアンス」のシェフソムリエを長年にわたり務める。その後、丸の内「マルゴルナソラ」の立ち上げマネージャー兼ソムリエ、オーストリアワインインポーターのコンサルタント、隠れ家レストランのプロデューサーなど、多岐にわたり活動。2016年、築地にワインショップ＆バー「酒美土場」をオープンし、店に立つ傍ら、アカデミー・デュ・ヴァンなどの講師も務める。そのほかAWMB認定オーストリアワイン大使（2011年より）、J.S.A.認定ソムリエ、かじたいずみチーズ教室ワイン講師、ヴィノテラスワインスクール講師など数多くのワインに関係する場で活躍。

上田淳子の2食材マリアージュ

おなじみさば缶も、ハーブの風味でワインのおつまみに。
リエット風にバゲットにのせて食べても。

さば缶のディルあえ

さば×ディル

魚には白ワインを合わせたくなりますが、さば特有のクセをやわらげ、うまみを引き立ててくれるオレンジワインや軽めの赤ワインが◎。

材料　2~3人分

さば水煮缶 … 1缶（200g）
ディル … ½パック（4本）
レモンのしぼり汁 … 小さじ1
オリーブ油 … 大さじ½
こしょう … 少々

作り方

1　さばは汁けをきる。ディルはかたい軸を除き、刻む。

2　ボウルにレモン汁とオリーブ油、こしょうを入れてよくまぜる。1を加えてあえ、器に盛る。

意外な組み合わせのようでいて
完璧なマリアージュ！口の中にバターの香りと
イクラのうまみが広がります。

イクラとバターの
タルティーヌ

イクラ×バター

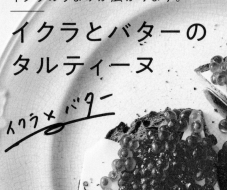

イクラの生ぐささを抑え、濃厚なうまみに寄り添ってくれるオレンジワインがgood。ねっとり食感に合わせてまろやか系の白ワインもあり。

材料　2人分

イクラ（塩漬け）… 50g
バター（できれば食塩不使用）… 20g
パン・ド・カンパーニュやライ麦パン（1cm厚さ）… 2切れ
あらびき黒こしょう … 適量

作り方

パンに薄切りにしたバター、イクラを順にのせ、あらびき黒こしょうを振る。

酒粕×ゴルゴンゾーラ＋はちみつ

Recommended WINE

白	赤	白
軽×酸まろやか	軽×渋味	重×酸まろやか

幅広くペアリングできる一品。特に
ロワール・アンジュ地方の白ワイン
など、まろやかで甘めのものが酒粕
のクリーミーな味わいに合います。

酒粕とゴルゴンゾーラは
まぜないのがコツ。発酵食品の
味のグラデーションが楽しい!

酒粕と
ゴルゴンゾーラの
はちみつカナッペ

材料 2~3人分

酒粕 … 30g
ゴルゴンゾーラ
（ほかのブルーチーズ
でも可）… 30g
はちみつ … 適量
細めのバゲットの
薄切り … 6~8切れ

作り方

❶ バゲットはオーブントースターで表面がカリッとするまで焼く。

❷ あらくほぐしたゴルゴンゾーラと酒粕をのせ、はちみつをかける。

Recommended WINE

白	白	白	オレンジ
軽×酸まろやか	重×酸しっかり	重×酸まろやか	

厚揚げの香ばしさやブルーチーズの
塩けを引き立てるのは、白ワイン。
アルザスの白などフルーティーでま
ろやかな味わいのものがベター。

厚揚げ×ゴルゴンゾーラ

こんがり厚揚げにゴルゴンゾーラがとろ～り。
塩けとコク、独特の香りがワインに合います。

厚揚げの
ゴルゴンゾーラ焼き

材料 2人分

厚揚げ … 1枚（200g）
ゴルゴンゾーラ
（ほかのブルーチーズでも
可）… 50g

作り方

❶ 厚揚げは1.5cm角に切る。

❷ 耐熱の器に厚揚げを並べ、オーブントースターで5分ほど焼く。表面がカリッとしたらいったんとり出し、ゴルゴンゾーラをほぐして散らす。オーブントースターに戻し、ゴルゴンゾーラがとけて軽く焼き色がつくまで5分ほど焼く。

和食の定番食材もオリーブ油の風味でまろやかに
さっぱり味で箸休めにもぴったり!

はちみつ梅と
ひじきのマリネ

梅干し × ひじき

材料　作りやすい分量

長ひじき(乾燥)… 15g　　　梅干し(はちみつ漬け)
　　　　　　　　　　　　　　… 4個
　　　　　　　　　　　　　オリーブ油 … 小さじ1

作り方

1　ひじきはたっぷりの水に20分ほどつけてもどす。
　さっと洗って水けをきり、長いものは食べやすく切
　る。耐熱ボウルに入れてふんわりとラップをかけ、
　電子レンジで3分ほど加熱する。そのままあら熱を
　とり、ざるに上げて水けをきる。梅干しは種を除い
　てあらく刻む。

2　ボウルにひじきを入れ、梅肉、オリーブ油を加えて
　あえる。味をみて薄いようなら塩、酢でととのえる。

Recommended WINE

ロゼ	赤
	軽×酸味

梅の酸味と味わいがなじむ
のは、白ワインよりもロゼ。
甘めのロゼでも辛口ロゼで
も合います。酸味のある軽
めの赤ワインでもOK。

Recommended WINE

白	白	オレンジ	ロゼ
軽×酸しっかり	軽×酸まろやか		

れんこんのサクサクとした食感やマ
スタードの風味を引き立ててくれる
のは、さっぱり系の白ワイン。さわ
やかなあと味が心地いい!

れんこん × 粒マスタード

材料　2〜3人分

れんこん … 250g　　　塩、こしょう … 各適量
サラダ油 … 大さじ1　　粒マスタード … 大さじ1½

作り方

1　れんこんはよく洗い、皮つきのまま縦半分に
　切り、1cm厚さの半月切りまたはいちょう切
　りにする。

2　フライパンにサラダ油を中火で熱し、れんこん
　を並べる。しばらくさわらずじっくり焼き、
　香ばしく焼き色がついたら返して同様に焼く。
　塩、こしょうで調味して火を止め、マスター
　ドを加えてからめる。

粒マスタードの酸味とコクが味のアクセントに。
和のイメージをくつがえすやみつき前菜に。

れんこんの
粒マスタードいため

五十嵐大輔の2食材マリアージュ

Recommended WINE

ロゼ　赤　白　オレンジ

軽×渋味　　重×酸まろやか

前菜として合わせるならおすすめは辛口のロゼ。飲み始めは心地よい軽い飲み口ながら、タンニンもあるので牛肉の脂をうまみに変えてくれます。クレソンの苦味とも相性よし。

ほんのり香るワインが肉の脂の甘さを引き立てます。
牛肉は火を通しすぎないのがポイント。

牛肉とクレソンの煮びたし

牛肉 × クレソン + 赤ワイン

材料　2人分

牛薄切り肉（すき焼き用）… 100g
クレソン … 1束
A　だし … 90ml
　　赤ワイン … 大さじ2
　　みりん、しょうゆ … 各大さじ1

作り方

鍋にAを入れて中火にかけ、煮立ったら弱火にし、4cm長さに切ったクレソン、牛肉を加えて30秒ほど煮る。器に盛り、好みであらびき黒こしょうを振る。

オリーブ油の風味が魚卵特有の香りを包み込む。
ねっとりしたからすみとかぶの食感がやみつきに。

かぶとからすみの
オイルあえ

材料 2人分

かぶ … 2個
からすみ（市販）… 20g
塩 … 小さじ1
オリーブ油 … 大さじ1

POINT

からすみをワインに
合わせるには

からすみをそのままワインに
合わせると、生ぐささが気に
なることも。オリーブ油など
油脂で調味することで、にお
い物質が油にとけ、ワインと
マリアージュします。

作り方

1 かぶは葉を切り離し、皮つ
きのまま3mm厚さの半月切
りにする。葉は小口切りに
する。かぶと葉に塩を振っ
て15分ほどおき、しんな
りしたら軽く水けをしぼる。

2 ボウルに1、1〜2mm厚さ
に切ったからすみ、オリー
ブ油、好みであらびき黒こ
しょうを入れてあえる。

Recommended WINE

かぶの歯ざわりに、からす
みのねっとり感。軽やかで
すっきりとした白ワインを
合わせると、両方の食感が
口の中で融合します。

白　オレンジ

軽×
酸しっかり

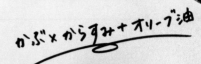

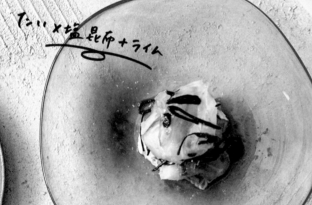

たいの上品な味わいと塩昆布が
合わさって、うまみ倍増！キリッとした
ライムの香りが和食とワインをつなぎます。

たいの塩昆布あえ
ライム風味

材料 2人分

たい（刺し身用）
　… 80g
塩昆布 … 5g
ライム … ¼個
ライムの皮 … 適量

作り方

たいはそぎ切りにする。ボウル
にたいと塩昆布を入れてあえ、
ライムをしぼる。器に盛り、ラ
イムの皮をすって散らす。

Recommended WINE

白　白　ロゼ

軽×
酸しっかり　軽×
酸まろやか

ライムの風味が印象的な一皿。オー
ストリアのグリューナー・フェルト
リーナーなど、軽めで酸味がしっか
りした白ワインがぴったり。

やさしい味わいの卵とじに
クミンひと振りでアクセントを。
一気にワインつまみ寄りに!

牡蠣の卵とじ
クミン風味

材料 2人分

牡蠣(加熱用)… 150g
卵 … 2個
A｜ かつおだし … ½カップ
　｜ みりん … 大さじ2
　｜ しょうゆ … 大さじ1⅓
クミン(ホール)… 小さじ2

作り方

① 牡蠣は塩水(分量外)で振り洗いをし、
　キッチンペーパーで水けをふきとる。卵は割りほぐす。

② 鍋にAを入れて中火にかけ、煮立ったら牡蠣を加えて2〜
　3分煮る。クミンを振ってとき卵を回し入れ、半熟で火を
　止めてふたをし、1分ほど蒸らす。

牡蠣×卵＋クミン

あさりとセロリはフランスでは
定番の組み合わせ。ホワイトセロリが
なければセロリをスライスしても。

あさりと
ホワイトセロリの
酒蒸し

材料 2人分

あさり(砂出ししたもの)　酒 … ¼カップ
　… 200g　　　　　　　昆布 … 7cm角
ホワイトセロリ　　　　　塩 … ひとつまみ
　… ½パック(50g)　　　しょうゆ … 小さじ½

あさり×ホワイトセロリ

作り方

① あさりは殻と殻をこすり合わせて洗い、水けをきる。
　ホワイトセロリは根元を切り落とし、3cm長さに切
　る。

② 鍋にあさりと水½カップと酒、昆布を入れて中火
　にかける。沸騰してあさりの口があいたら、塩、し
　ょうゆで味をととのえ、ホワイトセロリを加えてさ
　っとまぜ、しんなりしたら火を止める。

ツレヅレハナコの
2食材マリアージュ

ホクホクのじゃがいもと濃厚なコチュジャン、
味のコントラストを楽しんで。
じゃがいもは粉をふきやすい男爵系が◎。

エスニック粉ふきいも

Recommended WINE

オレンジ	白	白	泡	ロゼ
	軽× 酸しっかり	軽× 酸まろやか		

コチュジャンのピリ辛味はオレンジワインと
相性◎。軽めの白ワインやロゼ、泡もじゃが
いものほくほくとした食感にマッチします。

じゃがいも×パクチー

材料 2人分

じゃがいも … 2個
A　コチュジャン … 大さじ2
　　しょうゆ … 大さじ1
　　水 … 2カップ
ごま油 … 小さじ1
パクチーのざく切り
　　… 1本分

作り方

① じゃがいもは四つ割りにする。

② 鍋にじゃがいも、　を入れ、ふたをして弱火
にかけ、水分がなくなったら強火にして鍋を
揺すり、粉ふきいもにする。

③ 仕上げにごま油を加えてまぜ、器に盛ってパ
クチーをのせる。

Recommended WINE

(ロゼ)（ 白 ）(ロゼ泡)（ 泡 ）

軽×
酸まろやか

いちごとピンクのロゼは、味も見た目もベストマッチ。少し甘めでまろやかな白ワインも、とろっとしたカマンベールの食感を引き立てます。

いちごとチーズは相性抜群！
黒こしょうをピリッときかせて大人味に仕上げて。

いちごのマリネと
カマンベールグリル

いちご×カマンベール

材料 2人分

いちご … 6個
カマンベール … 1個
A・ローズマリー … 1枚
　はちみつ … ¼カップ
　ライムのしぼり汁
　　… ¼個分

作り方

1 いちごは四つ割りにして容器に入れ、Aを加えて30分以上おく。

2 カマンベールは上面のかたい部分を包丁で削ぎ、オーブントースターで5分ほど焼き、器に盛って1をのせる。好みであらびき黒こしょうを振る。

甘栗×ベーコン

市販の甘栗を使ってお手軽に。
栗にベーコンの脂が加わって
つまむ手が止まらない！

甘栗ベーコンピンチョス

Recommended WINE

(ロゼ泡)(ロゼ)(白)(オレンジ)

軽×
酸まろやか

クリーミーな泡が心地よいスパークリングを合わせると、栗のほっくりした食感や甘みがきわ立ちます。特にほんのり甘いロゼ泡がおすすめ！

材料 2人分

甘栗（市販） … 8個
ベーコン … 4枚
オリーブ油 … 小さじ1

作り方

1 ベーコンは長さを半分に切り、甘栗を1個ずつ巻いてつまようじでとめる。

2 フライパンにオリーブ油を弱火で熱し、1を並べて焼き目がつくまで焼く。

さっぱり感満点のみょうがに
ナンプラーのうまみとごま油のコク。
酒席にあるとうれしい名脇役。

トマトとみょうがの
ナンプラーあえ

材料　2人分

トマト、みょうが … 各1個
ナンプラー … 大さじ1
ごま油 … 小さじ1

作り方

① トマトは乱切り、みょうがは小口切りにする。

② ボウルに1、ナンプラー、ごま油を入れてまぜる。

トマト×みょうが×ナンプラー

納豆にパセリ!? 異色のコンビを
オリーブ油がまろやかに包み込み、
クセになる味わいの一品に。

納豆とたっぷりパセリの
タパス

納豆×パセリ×オリーブ油

材料　2人分

納豆 … 1パック
オリーブ油、パセリのみじん切り … 各大さじ1
しょうゆ … 小さじ1

作り方

① 納豆は箸でまぜ、オリーブ油、しょうゆを加えてまぜる。

② 器に盛り、パセリを振る。よくまぜて食べる。

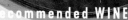

高橋善郎の2食材マリアージュ

塩＆黒こしょうをきかせて
フルーツサンドを酒のつまみに！
生ハムをはさんでもおいしい

いちじくと黒こしょうのフルーツサンド

いちじく×クリーム
＋黒こしょう

材料　2人分

食パン（8枚切り）… 4枚
いちじく … 2個
ホイップクリーム（市販）… 200〜300g
ゆずの皮のせん切り … 小さじ1
塩、あらびき黒こしょう … 各適量

作り方

① いちじくは縦に半分に切る。1切れはそのまま、もう1切れはさらに縦に半分に切る。

② ホイップクリームとゆずの皮をまぜ合わせる。

③ 食パン1枚の片面に　の⅓量を塗り、　の半量を並べる。もう1枚に　の⅓量を塗ってはさみ、ラップで包む。残りも同様に作り、冷蔵室で10分ほどおく。半分に切って器に盛り、塩、あらびき黒こしょうを振る。好みでゆず、チャービルを添える。

POINT

「萌え断」サンドに仕上げるには

包丁で切る線上にいちじくの厚い部分がくるようにおきます。クリームもまん中付近にボリュームを。サンドしてからラップで包み、冷蔵室でなじませるのもポイント。

本醸造酒　純米酒
特別本醸造酒 特別純米酒 純米吟醸酒

にんにく風味がしっかりめなので、香り控えめの本醸造酒、純米酒が◎。焦げると日本酒の味わいをじゃまするので、じっくり火を入れて。

本醸造酒・　純米酒・
特別本醸造酒 特別純米酒 純米吟醸酒 吟醸酒

しば漬けの食感が加わることで、スクランブルエッグが酒の進むつまみに。うまみと酸味があるので、幅広い日本酒と合います。

しらす×ガーリックオイル

しば漬け×スクランブルエッグ

オイルにしらすのうまみが凝縮！
焦がさないようにじっくり熱して。

しらすの
ブルスケッタ

材料　作りやすい分量

釜揚げしらす … 30g
　にんにくのみじん切り … 4かけ分
　オリーブ油 … 大さじ4
　塩 … 少々
トマト、バゲットの薄切り、あらびき黒こしょう
　… 適量

作り方

① フライパンに　　を入れて弱火で熱し、5分ほどじっくりと火を通し、しらすを加えて2～3分煮る。

② 器に輪切りにしたトマト、表面がカリッとするまで焼いたバゲットを重ねて盛り、　　をのせてあらびき黒こしょうを振る。

しば漬けの食感がアクセントに！
高菜など好みの漬け物で作っても。

しば漬け入り
スクランブルエッグ

材料　作りやすい分量

卵 … 3個
しば漬け … 30g
塩、オリーブ油、パセリ … 各適量

作り方

① ボウルに卵を割りほぐし、しば漬け、塩を加えてまぜ合わせる。

② フライパンにオリーブ油を中火で熱し、　を流し入れる。箸でぐるぐるまぜながら、全体が半熟状になるまで加熱する。器に盛り、あらいみじん切りにしたパセリを散らす。

まろやかチーズにわさびをプラス。
つけるだけで至極の味わい。

モッツァレラの
わさびじょうゆあえ

モッツァレラ×わさびじょうゆ

材料 作りやすい分量

モッツァレラ（一口タイプ）… 1袋
アーモンド … 適量
A｜ しょうゆ … 大さじ2
｜ ねりわさび … 小さじ1

作り方

A はまぜ合わせ、ファスナーつき保存袋に入れる。モッツァレラを加え、空気を抜いて袋の口をとじ、冷蔵室で10〜20分おく。器に盛り、あらく砕いたアーモンドを散らす。

アボカド×塩昆布＋ごま油

塩昆布の塩けとごま油の香りで
アボカドがコクうまつまみに！

アボカドの塩昆布あえ

材料 作りやすい分量

アボカド … 1個
A｜ 塩昆布 … 20g
｜ ごま油 … 少々

作り方

アボカドは半分に切って種を除き、皮をむいて1〜2cm角に切る。ボウルに入れ、A を加えてまぜ合わせる。

9784074479658

COLUMN ペアリングを楽しめるお店 ❶

浮雲
Ukigumo

DATA

〒106-0031 東京都港区西麻布4-4-9 麻布ミヤハウスB1
☎03-6452-6953
予約方法：食べログまたは来店時

劇場型カウンター中華。
少量多品目で楽しめる30皿の料理とペアリングのコースは圧巻。

広尾に2020年オープン。口コミだけであっという間に予約困難店に。階段をおりてドアをあけると、厨房をぐるりと囲んでカウンター席が広がる。コースは一斉にスタート。シェフの声により、1品1品に込められたこだわりが伝わってくる。メニューはなくコースのみ。なんと言っても魅力は「少量多品目」のコース内容。なんと、30品もの料理が出されるという贅沢コース。妥協のない全30品に感動させられることまちがいなし。

よだれ牛

竹墨の大根もち

北京ダック

大豆ミートの焼売と鶏肉の焼売

どんなペアリングが体験できる?

ペアリングの内容は、ビール、ワイン、カクテルを主として、幅広く柔軟性が高いのが特徴。その日の料理や食材、お客さまの好みによってソムリエが作り出すマリアージュは、つねに新鮮さが味わえる。もちろんノンアルコールの人にもおいしいペアリングが用意されている。

お酒を料理に合わせるのももちろんですが、お客さまそれぞれの好みに合った『ペアリング』を心がけています。

中華の経験を生かしながらも、枠にとらわれないメニュー作りを。世界のいろいろな食材を使って、季節ごとにオリジナリティーを大切にした少量多品目のコースを。

ソムリエ
進藤幸紘さん

シェフ
鬼崎翔大さん

＼本書限定！／
オリジナルカクテルレシピを伝授してもらいました！

レシピ考案：進藤幸紘

カルビール

材料 180㎖のグラス

カルピス…15㎖
ライムのしぼり汁
　（またはレモン汁）
　…5㎖
ビール…適量
黒七味（なければ七味唐辛子）…適量
[**ノンアルコールの場合**]
ビールをノンアルコールビールに

作り方

グラスにライムのしぼり汁とカルピスを入れ、ビールを半量ほど勢いよく入れて泡を立て、10秒後に端からゆっくりと残りのビールを注いでグラスを満たす。好みでライムをのせ、黒七味を振る。

トマヒート

材料 180㎖のグラス

ホワイトラムまたは焼酎…大さじ1
トマト（糖度高めのものがおすすめ）
　…1個
黒糖（なければ好みの砂糖）…大さじ1
レモン汁…小さじ1
ローズマリー…1枝（もしくはバジル1枚）
ソーダ…適量
[**ノンアルコールの場合**]
ホワイトラムまたは焼酎はなしで

作り方

トマトは小さめのダイス状にカットする。トマト、黒糖、レモン汁をまぜ、半日おく（時間がないときはスプーンでしっかりかきまぜる）。グラスにそれを大さじ2杯、ホワイトラムまたは焼酎を入れ、氷を加えてソーダでグラスを満たす。スプーンでまぜ合わせ、最後にローズマリーを飾る。

スパークルジャスミン

材料 180㎖のグラス

濃いめのジャスミン茶
　…大さじ1
スパークリングワイン
　…適量
こんにゃくゼリー…1個
[**ノンアルコールの場合**]
スパークリングワインをソーダとトニックウォーターにかえてグラスを満たす。

作り方

シャンパーニュグラス（なければ細めのグラス）にこんにゃくゼリーを入れてジャスミン茶を加え、スパークリングワインでグラスを満たす。

COLUMN ペアリングを楽しめるお店 ❷

JULIA

独創的な感覚から生み出される
コース料理と、ワインを中心とした
ペアリングを堪能できる、
イノベーティブレストラン。

DATA

〒150-0001 東京都
渋谷区神宮前3-1-25-
1F
☎03-5843-1982
予約方法：webにて

東京・外苑前に位置する、カウンターのみのレストラン。メニューはなく、完全予約制のコースのみ。洗練された空間と「イノベーティブフュージョン」の料理の数々で心に残る特別な体験ができる。シェフのNAOさんとオーナーソムリエの本橋さんによる、料理×ワインの共鳴をライブ感のあるカウンターで味わえるのが楽しい。JULIAが大切にしているのは、「食材」。それぞれの食材の魅力を最大限に生かしながら、思いも寄らない調理法で仕上げる料理は、目にもおいしく、食べたときに衝撃をおぼえる、レストランならではの至高の体験。

春野菜のグリルに、さざえの肝とふきのとうのソースをかけて。秋はきのこや根菜、夏は葉ものなど、季節ごとに表情を変える。

1週間熟成しためかじきのブイヤベース。一瞬「これがブイヤベース？」と思うが、口の中に入れると赤のソースと白のソースが合わさって極上のブイヤベースに。

JULIAの「イノベーティブフュージョン」とは？

ジャンルにとらわれない料理。フレンチを主としながらも、アメリカ料理のアイディアや、和の食材など、さまざまなエッセンスをとり入れ、独自のおいしさをつくり出す。月に一度かわるコースは、2人で打ち合わせをして考える。その月に入ってくるワインから「料理が生まれる」という。バランスのとれたマリアージュに深く納得！

シェフ NAOさん

JULIAのノンアルコールドリンク

レモングラス
（ソーダで割る）

りんごエキスと
ビネガーのシロップ
（ノンアルコールビールで
割ってシードル風に）

グレープフルーツ
ジュースにハーブを
つけ込んで

水出しアイスティー＋
クローブとオレンジ
（オレンジワイン風に）

ジャスミンティー＋
ざくろエキス
（ロゼワイン風に）

玄米茶に
スパイスをつけ込んで

ミックスベリーピュレ＋
フランボワーズビネガー

アルコールをとばした
赤ワインにスパイスを
つけ込んで

どんなペアリングが体験できる？

ワインをメインとしたペアリング。クラシックなものから、オレンジワインなどのナチュールワインまで、華麗なマリアージュを提案してくれる。また、ノンアルコールでも妥協のないペアリングドリンクが考えられているのが魅力。たとえば、赤ワインや白ワインのようなドリンクが、料理に合うように自家製で作られている。

オーナーソムリエ本橋さんの合わせるワインにうっとり。

ノンアルドリンクレシピを伝授！

グレープフルーツジュースにハーブをつけ込んだドリンク

100％グレープフルーツジュースと水を1：1で合わせる。ディル、タイム、ローズマリーを（2枝くらいずつ）つけ込み、冷蔵室で1〜2日おく。

シーフードマリネ、唐揚げ、生春巻きなどのお料理に合います。

ソムリエ
本橋健一郎さん

CHAPTER 2

ワインを合わせる
ペアリングレシピ

ワインにイタリアンやフレンチが
合うのはもちろんですが、
中華やエスニック、
そして和食も実はとても相性がいいのです。
それぞれのジャンルのプロたちが、
ワインに合うよう工夫をこらした、
渾身のレシピをご紹介します。
さらに、ソムリエが1品1品を試食しながらワインを選び、
ベストマッチなタイプアイコンで表示しました。

【 ワイン監修 】
岩井穂純

ワインを合わせるイタリアン&フレンチ ➡ p.52

上田淳子
JUNKO UEDA

料理研究家。大学卒業後、辻学園調理技術専門学校に入学。卒業後、渡欧し、スイスやフランス・パリのレストランなどで修業を積む。帰国後は東京でのシェフパティシエを経て、料理研究家として独立。雑誌やテレビなどで活躍する一方、双子の母としての経験を生かし「食育」についての活動も行う。フレンチの確かな技術をもとに家庭で作りやすいレシピが好評で、『フランス人は、3つの調理法で野菜を食べる。』シリーズ（誠文堂新光社）、『上田淳子のチキンスープ 鶏肉＝具材、スープ。簡単、本格的。』（グラフィック社）など著書多数。

ワインを合わせるアジア料理 ➡ p.74

ツレヅレハナコ
HANAKO TSUREZURE

おいしい料理とお酒と旅をこよなく愛するフード編集者。日々の食生活をつづったSNSが大人気で、インスタグラムでは4万人以上のフォロワーをもつ。著書に『女ひとりの夜つまみ』（幻冬舎）、『ツレヅレハナコの2素材で私つまみ』（KADOKAWA）、『ツレヅレハナコの薬味づくしおつまみ帖』『ツレヅレハナコの揚げもの天国』（ともにPHP研究所）など多数。
Instagramアカウント→turehana1

ワインを合わせるモダン和食 ➡ p.92

五十嵐大輔
DAISUKE IGARASHI

料理人。1977年、青森県深浦町生まれ。数々の日本料理店で修業後、2007年に「蕎麦 流石」入社。2009年、銀座「流石 はなれ」料理長に就任し、2011年、「銀座 小十」に入社。2013年、一つ星和食店「銀座 奥田」の料理長に就任。その後、住所非公開の会員制の日本料理店で腕を振るう。日本の伝統工芸を応援したいとの思いから、若手作家の作品を中心に使い、その素晴らしさを伝えている。

ワインを合わせる イタリアン＆フレンチ

by Junko Ueda

イタリアン＆フレンチの定番料理をごちそう風にアレンジ。
少しの工夫でいつもの家飲みがワンランクアップします！

色鮮やかなフルーツとチーズの
コンビはテーブルの華！
モッツァレラを生クリームで
ブッラータ風に仕立てました。

季節の果物の カプレーゼ

材料 2～3人分

柿 … 2個
モッツァレラ … 1個（100g）
生クリーム（乳脂肪分40％台のもの）
　… 大さじ2～3
オリーブ油 … 大さじ1
塩（できれば粒の大きいもの）、
　あらびき黒こしょう … 各適量
ライム（またはレモン）のくし形切り
　… 1切れ

Recommended WINE

| 泡 | ロゼ泡 | 白 | オレンジ | ロゼ |

軽×
酸まろやか

フルーツと相性のいいシャンパンなどの泡が
ベスト。クリーミーなチーズが繊細な泡ととけ合って夢見心地に。いちごならロゼを合わせるなど、果物とワインの色をそろえても。

作り方

① 柿は皮をむき、食べやすい大きさに切って器に広げる。

② ボウルにモッツァレラを食べやすい大きさにちぎって入れ、生クリームを加えてからめる。

③ 1の中央に2をのせる。オリーブ油を回しかけ、塩、あらびき黒こしょうを振り、ライムを添える。

POINT

**モッツァレラが
ブッラータに変身!?**

ブッラータは、袋状のモッツァレラに生クリームと刻んだモッツァレラを詰めたもの。モッツァレラに生クリームを足すと、とろとろで濃厚な食感を再現できます。

**旬のフルーツを
使ってアレンジ**

春はいちご、夏は桃、秋は洋梨やマスカット、いちじく……さまざまな果物で作れます。ミントなどのハーブやバルサミコ酢などの酸味を足すと味にメリハリが。

冷たい前菜3種

ミント香る
シーフードタブレ

刺し身と
グレープフルーツの
マリネ

タルタルステーキ

野菜もシーフードもたっぷり入れて
ボリューム満点！ ミントのさわやかな
風味で食べ飽きないおいしさ。

ミント香る
シーフードタブレ

材料 作りやすい分量

クスクス
　…⅓カップ（70g）
玉ねぎのみじん切り
　…大さじ2
きゅうり…1本
ミニトマト…4〜5個
ボイルえび、ゆでだこの足
　…各70g
塩、こしょう…各適量
レモンのしぼり汁
　…大さじ2
オリーブ油…適量
ミントの葉…10〜20枚

作り方

① 鍋に70mℓの湯を沸かし、塩小さじ⅓、オリーブ油小さじ1、クスクスを入れて火を止める。全体をまぜて5分ほどおき、さらにまぜる。

② 玉ねぎは水にさらし、キッチンペーパーで包んでしっかり水分をしぼる。きゅうりは四つ割りにし、7mm厚さに切る。ミニトマトはへたをとり、半分に切る。えび、たこは食べやすく切る。

③ 1のクスクスが冷めたら、レモン汁とオリーブ油大さじ2を加えてまぜる。2とちぎったミントを加えてまぜ、塩、こしょうで味をととのえる。

POINT

世界一小さな
パスタ、クスクス

デュラム小麦が原料の粒状
にしたパスタの一種で、プ
チプチ食感が特徴。フラン
スではスムールと呼ばれま
す。大型スーパー、輸入食
材店などで購入可。

ライムのドライな香りと酸味で
刺し身がおしゃれに変身。すっきりした
白ワインに合わせたい爽快な前菜。

刺し身と
グレープフルーツの
マリネ

材料 2人分

たい（刺し身用さく）
　…100g
グレープフルーツ…1個
セロリ…30g
ライムのしぼり汁
　…½個分（大さじ1強）
パクチー…適量
塩、こしょう…各適量

作り方

① たいは塩を薄くまんべんなく振り、冷蔵室で10分ほどおく。水分が出てきたらキッチンペーパーでふき、1.5cm角に切る。グレープフルーツは皮をむき、房の薄皮のきわに合わせて包丁を入れ、果肉をとり出す（p.64参照）。セロリは5mm厚さに切る。

② ボウルにライムのしぼり汁とたいを入れて軽くあえ、グレープフルーツ、セロリを加えてまぜ、5分ほどおく。

③ ざく切りにしたパクチーを加え、塩、こしょうで味をととのえる。

POINT

お好みの白身魚や
柑橘類を使って

たい以外にすずきやひらめ
などで作ってもおいしいで
すが、かんぱちやぶりなど
脂が多い魚は不向き。グレー
プフルーツもオレンジな
ど柑橘類で代用できます。

Recommended WINE

ロゼ	赤	赤	赤	赤	オレンジ
	軽×酸味	軽×渋味	重×酸味	重×渋味	

レアに仕上げたロゼ色のタルタルには、同じくロゼ色のワインを。肉のうまみが引き立ちます。辛みや酸味のきいた味つけは、赤ワインやオレンジワインと合わせても。

赤身肉のおいしさを
シンプルに味わえる料理。
カイエンヌペッパーで
辛みをきかせてアクセントに。

タルタルステーキ

材料 2～3人分

牛赤身肉（ステーキ用）… 150g
玉ねぎのみじん切り … 大さじ2
A　ケイパー（刻む）… 大さじ1
　　コルニッション（刻む）… 20g
　　フレンチマスタード … 大さじ½
　　オリーブ油 … 小さじ1
　　パセリのみじん切り … 大さじ1
　　卵黄 … 1個分
　　カイエンヌペッパー（一味唐辛子、
　　　タバスコでも可）… 少々
塩、こしょう … 各適量
あらびき黒こしょう … 適量
バゲットの薄切り … 適量

作り方

① 牛肉は塩、こしょう各少々を振る。フライパンを強めの中火で熱して牛肉を入れ、30秒ほど焼いて返し、30秒ほど焼く。側面も軽く焼いてとり出し、冷めたら5mm角くらいに刻む。

② 玉ねぎは水に10分ほどつけて水けをきり、キッチンペーパーで包んで水分をしっかりしぼる。

③ ボウルに2とA、こしょう少々を入れてよくまぜる。1を加えてさっくりあえ、味をみて足りないようであれば塩少々でととのえる。器に盛り、あらびき黒こしょうを振り、バゲットを添える。

POINT

脂身の少ない
赤身肉を選んで

霜降りより、もも、フィレ、ランプなどの赤身肉が適しています。かたくなるので焼きすぎに注意。フランスでは生肉で作りますが、日本では必ず焼きましょう。

肉の味を
引き立てる名脇役！

コルニッションは小ぶりのきゅうりのピクルス。やさしい酸味が特徴で、刻んでタルタルソースに入れても◎。きゅうりのピクルス（甘くないもの）でも代用可。

ホイップクリームを加えて、ふんわり軽い
仕上がりに。なめらかな口どけと
深いコクはやみつきになるおいしさ。

クリーミーレバームース

（オレンジ）（白）（赤）（泡）（ロゼ）

重×
酸まろやか　　軽×渋味

ふわっとした食感にクリーミーな口当たり、
コクのあるうまみ。さまざまな味わいを楽し
めるので、幅広いペアリングが可能。まろや
かさを引き立たせるならオレンジワインを。

材料 作りやすい分量

鶏レバー（ハツを除く）… 200g
白ワイン … ¼カップ
ローリエ … 1枚
バター（室温にもどす）… 40g

生クリーム（乳脂肪分40％台のもの）
… 60㎖
塩、こしょう … 各適量
バゲットの薄切り … 適量

POINT

少しの手間で
レバーをおいしく

白い筋や血のかたまりがあれば、
しっかり除きます。ハツ（心臓）
がついている場合は、レバームー
スには使わないので、白い脂肪部
分とともに切りとって。

作り方

① レバーは筋を除き、4等分くらいに切り分けて水につけ、揺するよ
うに動かして血や血のかたまりを除く。においが気になる場合はき
れいな水にかえ、5分ほどつける。洗って水けをきる。

② 鍋に白ワイン、ローリエ、1、かぶるくらいの水を入れ、中火にか
ける。煮立ったら弱火にして4〜5分ゆで、レバーに火が通ったら
ざるに上げて冷ます。

③ フードプロセッサーに2を入れ、かくはんする。なめらかになった
らバターを加えてさらにかくはんし、なめらかになったら塩、こし
ょう各少々を加えてまぜ、ボウルに移す。

④ 別のボウルに生クリームを入れ、泡立て器で九分立てにする。3に
加えてまぜ、味をみて塩、こしょうで味をととのえる。器に盛り、
表面がカリッとするまで焼いたバゲットを添える。

ゆで卵とマヨネーズは、シンプルながら最高の組み合わせ。
塩けがきいたアンチョビー入りソースはワインにぴったり。

ウフマヨ アンチョビーマヨネーズソース

Recommended WINE

白	白	白	泡	ロゼ
軽× 酸まろやか	軽× 酸しっかり	重× 酸まろやか		

卵にとろ〜りかかったアンチョビーマヨが魅惑の一品。まろやかでクリーミーな舌ざわりのシャルドネやピノ・グリを合わせると、口の中に心地よいハーモニーが広がります。

材料 2人分

卵 … 2個
アンチョビーマヨネーズ
　（作りやすい分量）
　アンチョビー … 4枚
　マヨネーズ … 100g
　こしょう … 少々

作り方

① 鍋にたっぷりの湯を沸かし、卵をそっと入れ、
　9分ほどゆでる。

② アンチョビー、マヨネーズ、こしょうをハンドブレンダーかフードプロセッサーでなめらかになるまでかくはんする。

③ 殻をむいたゆで卵を器に盛り、2をかける。

POINT

アンチョビーマヨは
ディップにも◎

ブレンダーがない場合は、アンチョビーをこまかく刻んでマヨネーズ、こしょうとまぜてもOK。余ったら野菜につけたり、パンに塗って焼いたりしてもおいしいです。

エチュベは少量の水分と油脂で蒸し煮にする
フランスの料理方法。ねぎの甘さが引き出され、
驚くほどのおいしさ！

ねぎのエチュベ

白	白	白	白
軽× 酸まろやか	軽× 酸しっかり	重× 酸しっかり	重× 酸まろやか

バターがきわ立つ料理には白ワイン
がなじみます。シャルドネなどとろ
みのあるものなら、ねぎのとろり感
と重なり、口の中でとけ合います。

材料 2～3人分

ねぎ
　…大3本（300g）
バター…10g
塩…小さじ⅓
こしょう…少々

作り方

① ねぎは5cm長さに切る。

② フライパンにねぎ、バター、水½カ
　ップを入れ、ふたをして中火で熱す
　る。煮立ったら弱めの中火にして7
　分ほど蒸し煮にし、好みのやわらか
　さになったら塩、こしょうを振る。
　途中で水分がなくなって焦げそうに
　なったら水を適宜足す。

Recommended WINE

白	白	オレンジ
軽× 酸しっかり	軽× 酸まろやか	

少しほろ苦い芽キャベツ独特の風味
を味わうなら、アルザスのリースリ
ングのようにかすかな苦みのあるミ
ネラル感の強い白ワインがおすすめ。

ホクホクの新食感にびっくり！バターの香りが
食欲をそそり、野菜だけでごちそうに。

芽キャベツのエチュベ

材料 2～3人分

芽キャベツ
　…大15個（300g）
バター…10g
塩…小さじ⅓
こしょう…少々

作り方

ねぎのエチュベ（上記）と同様に、ねぎを芽キ
ャベツにかえて作る。

※ほかにカリフラワーやグリーンアスパラガ
ス、ペコロス、きのこなどでも。季節の野
菜を楽しんで。

Recommended WINE

白	白
重× 酸まろやか	軽× 酸まろやか

どちらのグラタンにもおすすめのワインは、アルザスのピノ・グリ。豊かなコクが、ホワイトソースはもちろん、ねぎや芽キャベツの甘さやジューシーな食感も高めてくれます。

できたてのホワイトソースで作るグラタンは極上の味。電子レンジならソースが焦げつかず簡単！いろいろな野菜でエチュベ→グラタンを楽しんで！

ねぎのグラタンと芽キャベツのグラタン

材料 2～3人分

ねぎのエチュベ
（p.60）… 全量
ホワイトソース
　バター（やわらかくしたもの）… 20g
　小麦粉 … 20g
　牛乳 … 1½カップ
　塩 … 小さじ⅓
　こしょう … 少々
ピザ用チーズ … 30g

作り方

① 耐熱ボウルにバターと小麦粉を入れ、スプーンなどでなめらかなペースト状になるまでねりまぜる。牛乳を加え（ ）、ラップをかけずに電子レンジで3分ほど加熱する。とり出して泡立て器でよくまぜ（ ）、小麦粉とバターを完全にとかす。さらに2分ほど加熱してとり出し、泡立て器でなめらかになるまでまぜる（ ）。最後に2分ほど加熱し、塩、こしょう、好みでナツメグを加え、とろりとするまでよくまぜる。

② グラタン皿にエチュベを入れて　をかけ、ピザ用チーズを散らす。200度に予熱したオーブンで焼き色がつくまで15分ほど焼く。

POINT

レンジならホワイトソース作りも簡単！

ダマを作らないコツは、　の段階でまぜないこと。レンジにかけて牛乳があたたまった　の状態からまぜ始めます。　でソースが固まりだしたらしっかりまぜて。

a　b　c

62

フランスでは子ども向けの
ステーキとしておなじみの一品。
こねずに焼くから
肉本来の食感やうまみを楽しめます。

ステークアッシェ

Recommended WINE

| 赤 | 赤 | 赤 | 赤 | ロゼ |

軽×酸味　軽×渋味　重×酸味　重×渋味

赤身肉のおいしさをストレートに味わう一品。ステーキより食感がやわらかいため、軽めの赤ワインが合います。こしょうがきいた味わいは、スパイシーなシラーと相性◎。

材料 2人分

牛ひき肉（赤身）… 250g
塩、こしょう … 各適量
サラダ油 … 大さじ½
あらびき黒こしょう … 適量
粒マスタード（またはフレンチマスタード）… 適量
フレンチフライ（下記参照）… 適量
クレソン … 適量

作り方

① ひき肉は半量を手のひらではさんでぎゅっと押さえ、1〜2cm厚さにして形をととのえる。片面に塩をまんべんなく振り、こしょう少々を振る。残りのひき肉も同様にする。

② フライパンにサラダ油を強めの中火で熱し、じゅうぶんに熱くなったら①を塩、こしょうを振った面を下にして入れ、上面に同様に塩、こしょうを振る。さわらずに1〜2分焼き、返して同様に1〜2分焼く。

③ 器に盛ってあらびき黒こしょうを振り、粒マスタード、フレンチフライ、クレソンを添える。

POINT

ひき肉の粒を
つぶさないのがコツ

ひき肉はハンバーグのようにねらないこと。手のひらで押して表面を平らにします。焼きかげんはミディアムに。厚さ1cmなら片面1分ずつ、2cmなら片面2分ずつが目安。

Side Dish

ステークアッシェのつけ合わせの定番、フレンチフライ。
メークインならしっとり、男爵ならホクホクの仕上がり。

フレンチフライ（ポンムフリット）

材料 作りやすい分量

じゃがいも … 2個
揚げ油 … 適量
塩 … 少々

作り方

① じゃがいもは1cm角の棒状に切る。水を2〜3回かえながら洗ってデンプン質を落とし、さらに水に15分以上つける。水けをきり、キッチンペーパーで水分をしっかりふきとる。

② 揚げ油を170〜180度に熱し、①を入れる。菜箸で軽くまぜながら表面がカリッとするまで揚げ、いったんとり出す。2〜3分おき、しっとりしたら再び油に入れ、菜箸でまぜながら表面が色づいてカリッとするまで揚げる。キッチンペーパーにとって油をしっかりきり、塩を振る。

フランス料理の定番！華やかさ満点で
主役級の一皿。オレンジの皮の
ほろ苦さが鴨のうまみを引き立てます。

鴨ロースのグリル
オレンジソース

材料 2〜3人分

鴨ロース胸肉
　… 大1枚（350〜400g）
塩、こしょう … 各適量
オレンジ … 2個
白ワイン … ¼カップ
はちみつ … 大さじ1
白ワインビネガー… 大さじ2
バター… 30g

POINT

果肉をきれいにとり出す

薄皮のきわに沿って包丁を入れる
ときれいにとり出せます。薄皮に
残った果肉はしぼって果汁をとり、
ソースに利用して。

作り方

① オレンジ1個は皮の表面をピーラーで薄くむき、皮は細切りにして
やわらかくなるまで5分ほどゆで、湯をきる。白いわたの部分をむ
き、房に合わせて包丁を入れ、果肉をとり出す。薄皮に残った果肉
ともう1個のオレンジの果肉をしぼり、果汁½カップをとりおく。

② 鴨肉は余分な脂肪を除き、皮目に格子状の切り目を入れ、塩、こし
ょう各少々を振る。フライパンを中火で熱し、鴨肉を皮目を下にし
て入れる。弱めの中火にし、そのままさわらず7分ほど焼く。焼き
色がついたら返して5分ほど焼き、さらに返して1分ほど焼く。金
ぐしを5秒ほど刺し、くしの先がしっかりあたたかくなったらとり
出し、ホイルで包んでそのままおく。

③ フライパンの余分な脂をキッチンペーパーでふきとり、白ワインと
はちみつを加えて中火で熱する。煮立って少しとろみがついたらオ
レンジの果汁とワインビネガー、1のオレンジの皮を加え、さらに
30秒ほど煮る。1のオレンジの果肉を加えてさっとあたため、火を
止める。

④ 鴨肉を薄く切って器に盛り、オレンジの果肉をのせる。

⑤ 3のソースを再び中火にかけ、煮立ってとろりとして煮詰まったら
火を止め、バターを加える。フライパンを揺すりながらバターをゆ
っくりとかし、味をみて塩、こしょうでととのえ、4にかける。

仕上げにとかしバターを
かけることで、本場風の味に。
レモンをギュッとしぼって
さっぱりといただきます。

ミラノ風カツレツ

材料 2人分

豚もも厚切り肉2枚…250g　　卵…1個
塩…少々　　　　　　　　　　サラダ油…適量
こしょう…適量　　　　　　　バター…10g
パン粉…½カップ　　　　　　レモン（半分に切る）…½個
パルメザンチーズ…大さじ2　　パセリ…適量

作り方

① パン粉は手でもみつぶすかミキサーなどにかけてこまかくし、パル
　メザンチーズを加えてまぜる。卵は割りほぐす。

② 豚肉はラップではさみ、めん棒でたたいて5mm厚さにする。塩、こ
　しょう少々を振り、とき卵をからめて5分ほどおく。卵を軽くきり、
　チーズとまぜたパン粉を表面にまぶして手でしっかり押さえる。

③ フライパンにサラダ油を深さ1cmほど入れ、170〜180度に熱する。
　2を入れて3〜4分揚げ、きつね色になってカリッとしたら返して
　揚げ、油をきって器に盛る。

④ 鍋にバターを入れ、中火にかける。とけて泡立ってきたら、3にま
　んべんなくかけ、こしょう少々を振る。レモンとパセリを添える。

POINT

**薄くたたくと
少なめの油でもこんがり**

薄くたたくことで豚肉がやわらか
くなる効果も。フライパンに2枚
入らない場合は、1枚ずつ揚げ焼
きに。2枚目を入れる前にフライ
パンの油をきれいにすると◎。

フリカッセとは「白い煮込み」を意味する
フランス料理。まろやかなクリームソースが
シーフードを包み込みます。

シーフードのフリカッセ

材料 2人分

えび（無頭／殻つき）… 大4尾
かたくり粉 … 小さじ1
ほたて貝柱 … 4個（100g）
たい（切り身）… 1切れ
マッシュルーム … 8個
玉ねぎ … ½個
バター … 10g
小麦粉 … 大さじ½
白ワイン … ½カップ
生クリーム（乳脂肪分40％台）… ½カップ
塩、こしょう … 各適量

POINT

好みのシーフードで

魚介類は1種類でもOKで
すが、複数を組み合わせる
と、うまみがアップ。魚は
ひらめやすずきでも可。は
まぐりや牡蠣を入れても。

作り方

1. えびは殻をむき、背わたを除く。かたくり粉と水少々を
からめ、表面の色がグレーになったら洗い、キッチンペ
ーパーで水けをふきとる。えび、ほたてに塩、こしょう
各少々を振る。たいは2〜4等分に切り、塩、こしょう
各少々を振る。マッシュルームは石づきを除き、縦に半
分に切る。玉ねぎはみじん切りにする。

2. フライパンにバターの半量を入れ、中火で熱する。とけ
て泡立ってきたらえびとほたてを入れ、バターをからめ
るようにさっといためる。えびの表面がほぼ赤くなった
ら、いったんとり出す（中まで火を通さない）。

3. フライパンに残りのバターを入れ、弱火で熱する。とけ
て泡立ってきたら玉ねぎを入れ、焦がさないようにまぜ
ながら1分ほどいためる。小麦粉を振り入れて軽くまぜ、
白ワインを加えて強めの中火にし、底を木べらなどでこ
そげながらワインが⅓量になるまで煮詰める。水¼カ
ップ、生クリーム、マッシュルームを加えて軽くとろみ
がつくまで煮詰め、たいを加える。火がほぼ通ったら塩、
こしょうで味をととのえ、2を戻し入れて火が通るまで
30秒〜1分煮る。あればセルフィーユをのせる。

材料 2人分

じゃがいも（メークイン）
… 2個（300g）

サーモン、たい（刺し身用）
… 80g
塩、こしょう … 各適量
サラダ油 … 大さじ2

作り方

① サーモンとたいは2〜3cm角に切り、塩、こしょう
各少々を振る。

② じゃがいもはあればスライサーでせん切りにする
（水にさらさない）。ボウルに入れ、塩小さじ⅓、こ
しょう少々を加えてよくまぜる。

③ フライパンにサラダ油大さじ1を中火で熱し、2の¼量を入れて直
径15cmほどに広げ入れる。1の半量をのせ、その上に2の¼量を
のせる。底面がカリッとなって焼き色がつくまで4分ほど焼き、フ
ライ返しで返し、へらで軽く押さえて平らにする。さらに4分ほど
焼き、魚に火が通ってこんがり焼き色がついたらとり出す。サラダ
油大さじ1を中火で熱し、同様にもう1枚焼く。

④ 器に盛り、あればベビーリーフを添える。

Recommended WINE

白　白　オレンジ　泡　ロゼ

軽×　軽×
酸しっかり　酸まろやか

香ばしく焼いたじゃがいものカリカリ感や、
淡泊な魚介のうまみを引き立てるのは、軽や
かな白。リースリングなど、じゃがいもをよ
く食べるアルザスの白ワインを合わせて。

POINT

じゃがいもの
デンプン質は接着剤

具材はひらめなどの白身魚やえび
にかえても。じゃがいもに含まれ
るデンプン質を利用してガレット
を固めるので、じゃがいもを切っ
たら水にさらさないように注意。

外はカリカリ、中はホクホク。2つの食感を楽しめます。
切り分けると魚がごろっと出てくるサプライズ感も◎。

魚介とじゃがいものガレット

Recommended WINE

白	白	白	白
軽× 酸しっかり	軽× 酸まろやか	重× 酸しっかり	重× 酸まろやか

クリーミーなソースには、やっぱり
白ワインがベストマッチ！　レモン
の風味に寄り添う酸味のあるタイプ
のワインを選んで。イタリアのトレ
ッビアーノがおすすめです。

ニョッキはぜひ
できたてのモチモチ食感を味わって。
レモン香る軽やかなソースで
満腹でもスルッと入ります。

じゃがいものニョッキ
レモンクリームソース

材料 2人分

ニョッキ
　じゃがいも（男爵、きたあかりなど）
　　… 約4個（正味500g）
　小麦粉 … 80〜100g
　卵黄 … 1個分
　塩 … 小さじ¼
レモンクリームソース
　生クリーム … ½カップ
　レモンのしぼり汁 … 大さじ1
　塩、こしょう … 各少々
レモンの皮のすりおろし … 適量

作り方

① じゃがいもは2cm角くらいに切り、耐熱ボウルに入れる。ふんわりラップをかけ、完全にやわらかくなるまで電子レンジで8〜10分加熱する。ボウルに水分が残っていたら捨て、マッシャーやすりこ木などでなめらかになるまでつぶす。あたたかいうちに小麦粉、塩、卵黄を加え、軽くこねるように手でまぜる。冷めたらまないたなどにのせ、打ち粉（分量外）をしながら親指より太いくらいの棒状にのばし、3cm長さに切る。

② 鍋に湯を沸かし、1を入れて2分ほどゆでる。浮き上がってきたらざるに上げ、湯をしっかりきる。

③ フライパンに生クリームを入れて強めの中火にかけ、軽く煮立てて全体をまぜ合わせる。レモン汁を加え、塩、こしょうを振る。器に盛り、レモンの皮を散らす。

POINT

小麦粉の量は
生地の状態を見て調整

じゃがいもは木べらやフォークでつぶしてもOKですが、粒を残さないで。じゃがいもによって水分量が違うので、生地がべたつかないよう小麦粉の量をかげんして。

マッシュルームがふんわり香るやさしい味のピラフ。
フリカッセやミラノ風カツレツのつけ合わせにしても。

マッシュルームピラフ

Recommended WINE

白	白	白	オレンジ
軽× 酸まろやか	重× 酸しっかり	重× 酸まろやか	

マッシュルームの香りを消さないように、さわやかな風味の白ワインを合わせて。特に樽で熟成したシャルドネはバターを思わせる香りもあり、ピラフとの相性は抜群です。

材料 作りやすい分量

米 … 360㎖（2合）
マッシュルーム
　… 2パック（200g）
玉ねぎ … ¼個
バター … 15g
塩 … 小さじ1
こしょう … 少々
ローリエ … 1枚

作り方

① 米は洗ってざるに上げ、30分ほどおいて水けをしっかりきる。マッシュルームは石づきを除き、5mm厚さに切る。玉ねぎはみじん切りにする。

② フライパンにバターを入れて弱火でとかし、泡立ってきたら玉ねぎを加え、焦がさないようにまぜながら1〜2分いためる。しんなりしたら米を加え、全体にバターがなじんで米が熱くなるまで1分ほどいためる。

③ 水360㎖、塩、こしょう、ローリエを加えて強火にし、煮立ったらひとまぜする。マッシュルームをのせてふたをし、弱火にして10分ほど加熱する。

④ 米がふっくらしたら10秒ほど火を強め、水けを少しとばして火を止める。

⑤ 10分ほど蒸らし、ふたをとって全体をまぜ合わせる。

ピラフにごちそう感を出したいときの
簡単アレンジ。かにの風味が加わって、
ボリュームも満足度もアップ。

かにとマッシュルームの
ピラフ

Recommended WINE

白	白	白	オレンジ
軽× 酸まろやか	重× 酸しっかり	重× 酸まろやか	

かにのふわふわした食感や繊細な味わいも楽しめるピラフ。シャルドネのほか、日本の甲州も合います。かにのうまみを引き立たせるならオレンジワインもGOOD。

材料 作りやすい分量

マッシュルームピラフ
　（上記）… 全量
かにのほぐし身 … 60g
パセリのみじん切り
　… 大さじ1

作り方

炊き上がったマッシュルームピラフにかにを加えてまぜる。器に盛り、パセリを散らす。

POINT

かにたっぷりで
ぜいたく気分に

かに缶でも作れますが、こまかいフレーク状のかにはまぜると存在感が薄くなってしまうことも。今日はぜいたくにというときは、身が大きいものを選んで。

COLUMN おうちコースを組み立ててみよう

たとえば　**重めで×渋味の強い**
しっかりとした赤ワインをあけたい日の

イタリアンやフレンチのコース

（前菜）

イクラとバターの
タルティーヌ
（p.36）

れんこんの
粒マスタードいため
（p.38）

季節の果物の
カプレーゼ
（p.52）

ミント香るシーフード
タブーレ
（p.56）

序盤はビールやシャンパンなどで
乾杯しても♪

たとえば　**軽めで×酸味の強い赤ワインをあけたい日の**

和食をメインにして
ちょっとアジアの香りがするコース

（前菜）

トマトとみょうがの
ナンプラーあえ
（p.44）

エスニック粉ふきいも
（p.42）

春菊とりんごの
サラダ
あんぽ柿のドレッシング
（p.95）

牡蠣の
卵とじ クミン風味
（p.41）

序盤はビールや
ロゼ泡などで乾杯しても♪

たとえばこんな献立はいかがでしょうか。
2人なら3〜4品をチョイスしても充分。人数に合わせて自由に組んで。

重めの赤ワインをあける日はやっぱりお肉を食べたいですよね。
イタリアンやフレンチのコースでワインに負けないガッツリとしたコースを。
前菜からシメまで統一感のあるコースを作ってみましょう。
人数がいるなら、はじめに泡や白ワインをあけるのもアリ。

シメ

クリーミーレバームース
（p.58）

ステークアッシェ
（p.62）

じゃがいものニョッキ
レモンクリームソース
（p.68）

赤ワインに合わせる
メインは肉料理で

中華なら中華、和食なら和食ではなく、ジャンルにとらわれず
組み合わせを楽しめるのが、おうちならではのオリジナルコースの楽しさ。
軽めの赤ワインに合うよう、肉料理も和風仕立てにし、
アジアの料理もはさむことで、お酒の進む、変化のあるコースに。
前菜は小皿をちょこちょこつまめるのも楽しみ方の一つ！

シメ

汁なし皿ワンタン
（p.74）

甘だいと根菜の
揚げ出しトマト天つゆで
（p.104）

和風ローストビーフ
おだしと七味風味
（p.96）

ねぎだけ
香港焼きそば
（p.88）

メインだけどつまめる
ものをいろいろ並べて♪

ワインを合わせるアジア料理

by Hanako Tsurezure

味が濃厚で、スパイスやハーブをよく使うアジア料理は
実はワインと好相性。意外なマリアージュが見つかるかも！

春菊が香るさわやかワンタン。
包み方にひと工夫すると
食感に変化がついて楽しい！

汁なし皿ワンタン

Recommended WINE

（オレンジ）（ロゼ）（赤）（白）

赤：軽×酸味　白：軽×酸まろやか

中華料理は実はワインと相性よし。渋味が強すぎるとラー油の辛さが強調されてしまいますが、オレンジワインやロゼならラー油のスパイシーさをほどよく引き立ててくれます。

材料 2人分

鶏ももひき肉 … 100g
A｜おろししょうが … ½かけ分
　｜かたくり粉 … 大さじ1
　｜紹興酒、しょうゆ、ごま油 … 各小さじ1
　｜ねぎのみじん切り … 4cm分
　｜春菊のみじん切り … 4本分
ワンタンの皮 … 16枚
B｜しょうゆ、黒酢、ラー油 … 各適量

作り方

① ボウルにひき肉を入れ、A を順に加えてそのつどまぜる。

② ワンタンの皮のまん中に 1 の¹⁄₁₆量をのせ、皮の縁に水を薄く塗り、三角形になるよう半分に折ってとじる。好みで両端をくっつける。

③ 鍋に湯を沸かしてワンタンを半量ずつ入れ、それぞれ2〜3分ゆでる。湯をきって器に盛り、B を順に回しかける。

POINT

ワンタンの包み方

ワンタンを半分に折ってとじ（ⓐ）、皮の両側をつまんで中央に寄せ（ⓑ）、両端を重ねて水でくっつける（ⓒ）。

ⓐ　ⓑ　ⓒ

Recommended WINE

 オレンジ 赤 赤 白 白 ロゼ

軽×酸味　軽×渋味　軽×酸まろやか　重×酸まろやか

なすや豚肉の味わいにバジルの風味が加わり、赤から白まで幅広いワインがマッチ。甘めの味つけに寄り添うやや甘口のワインが◎。

台湾名物のバジルいため「三杯鶏」を豚肉でアレンジ。
たっぷりのハーブがしょうゆ味とワインの橋渡し役に。

なすと豚肉のバジルいため

材料　2人分

なす … 3個
豚肩ロース薄切り肉 … 150g
A｜紹興酒（なければ酒でも可）… 大さじ1
　　かたくり粉 … 小さじ1
　　塩、こしょう … 各少々
にんにくの薄切り … 1かけ分
赤唐辛子の小口切り … 1本分
バジル … 1パック
B｜紹興酒、しょうゆ … 各大さじ2
　　砂糖 … 小さじ1
ごま油 … 大さじ1
揚げ油 … 適量

作り方

① なすは乱切りにする。揚げ油を180度に熱してなすを入れ、1分ほど素揚げにしてとり出し、油をきる。ボウルに　をまぜ合わせ、豚肉を入れてもみ込む。

② フライパンにごま油、にんにく、赤唐辛子を入れて中火で熱し、香りが立ったら豚肉を入れ、色が変わるまで中火でいためる。

③ なす、葉を摘んだバジル、まぜ合わせたBを加えていため合わせる。

大ぶりに切ったさつまいもと
スペアリブがボリューム満点！
濃厚な豆豉の風味に食欲も倍増。

スペアリブと
さつまいもの
豆豉蒸し
（トウチ）

Recommended WINE

赤	赤	赤	赤
重×渋味	軽×酸味	軽×渋味	重×酸味

濃厚なソースや肉のうまみ＆脂と合うのは渋味の強い赤ワイン。八角の風味もあるので、同じ系統の香りのシラーやグルナッシュが最適です。

材料 2～3人分

豚スペアリブ … 500g
さつまいも … 1本
A｜豆豉（刻む）、
　　オイスターソース
　　… 各大さじ2
　　八角 … 2個
　　赤唐辛子の小口切り … 2本分
　　おろしにんにく … 1かけ分
　　おろししょうが … 1かけ分
　　紹興酒 … 大さじ3
　　しょうゆ、中国しょうゆ
　　… 各大さじ1
　　砂糖 … 小さじ1
パクチーのざく切り … 適量

作り方

① ファスナーつき保存袋にスペアリブを入れ、 A を加えて1時間以上つける。さつまいもは乱切りにして水にさらし、水けをきる。

② 耐熱の器に軽く汁けをきったスペアリブを入れ、蒸気の上がった蒸し器に入れて15分ほど蒸す。さつまいも、つけだれの半量を加え、さらに15分ほど蒸す。

③ 器に盛り、パクチーを添える。

POINT

豆豉だれにつけて
味をしみ込ませて

ポイントはスペアリブをたれにつけてから1時間以上おき、豆豉の風味やうまみを肉にしっかりしみ込ませること。あとは蒸し器におまかせで、味わい深い一皿に。

こっくりした色がつく
中国しょうゆ

中国名は「老抽」。たまりじょうゆのような色が特徴で、料理に使うと照りのある濃厚な色に仕上がります。味はさほど濃くないので日本のしょうゆでも代用できます。

赤 ロゼ 白 オレンジ

軽×酸味　　　　　軽×
　　　　　　　酸しっかり

トマトの酸味やザーサイのうまみを
引き立てるのは軽やかなロゼ。イタ
リアのサンジョヴェーゼやバルベー
ラなど酸味の強い赤ワインもあり。

トマトとザーサイたっぷりのピリ辛だれが
淡泊なたらに酸味とうまみをプラス。
たい、鮭、鶏むね肉で作っても美味。

蒸しだらの
トマトザーサイだれ

材料　2人分

生たら（切り身）… 2切れ
紹興酒 … 大さじ1〜2
A ┌ トマトの角切り … 1個分
　　├ ザーサイのみじん切り … 20g
　　├ しょうゆ … 大さじ1
　　├ ラー油 … 小さじ1
　　└ 砂糖 … 小さじ½
細ねぎの小口切り … 1本分

作り方

1 耐熱の器にたらを入れ、紹
　興酒をまぶす。

2 蒸気の上がった蒸し器に入
　れて10分ほど蒸し、まぜ合
　わせたAをかけ、細ねぎを
　散らす。

えびがいっぱいのごちそうチヂミに
レモンをきかせたさっぱりだれを添えて。
上新粉を使うと、もっちりした仕上がりに。

えびとセロリの
もちもちチヂミ

Recommended WINE

白	白	赤	オレンジ	ロゼ
軽× 酸しっかり	軽× 酸まろやか	軽× 酸味		

えびの上品なうまみやセロリのさわやかな風
味に合うのは白ワイン。飲み口が軽めのタイ
プなら、チヂミの食感がきわ立ち、あと味も
さっぱり。心地よくいただくことができます。

材料 2〜3人分

むきえび…12尾
セロリ…½本
玉ねぎ…¼個
A 小麦粉…60g
　上新粉…40g
　卵…1個
　水…½カップ
ごま油…大さじ2
B レモンのしぼり汁
　　…½個分
　しょうゆ…大さじ2
　粉唐辛子…適量

作り方

① えびは背わたを除き、1cm長さに切る。セ
ロリは小口切り、玉ねぎは薄切りにする。

② ボウルにAを入れてまぜ合わせ、1を加
えてまぜる。

③ フライパンにごま油大さじ1を入れて熱
し、2を流し入れ、ふたをして弱火で3
〜4分焼く。返して同様に焼き、ごま油
大さじ1を鍋肌から回し入れる。下面が
カリッとしたらとり出し、食べやすく切
って器に盛り、まぜ合わせたBを添える。

POINT

辛さがマイルドな
韓国の粉唐辛子

韓国の唐辛子にはあらびきタイプ
とこまかくひいた粉タイプが。粉
唐辛子は真っ赤でスープなどの色
づけに使われますが、辛さは控え
めで、コクや甘みも感じられます。

ピリ辛味のまぐろを生春巻きで包んだモダンな一皿。
生湯葉ときゅうりで食感にコントラストをつけて。

まぐろタルタルと生ゆばの
韓国風生春巻き

Recommended WINE

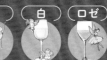

白	白	ロゼ
軽× 酸しっかり	軽× 酸まろやか	

きゅうりのシャキッとした食感や青
い風味には、さわやかな風味を引き
立てるフレッシュな白ワインを。ま
ぐろやコチュジャンと相性のよいロ
ゼもおすすめです。

材料 2〜3人分

まぐろ（赤身／刺し身用さく）
　…180g
A おろししょうが
　　…½かけ分
　コチュジャン…大さじ2
　しょうゆ…大さじ1
　ごま油…小さじ1
ライスペーパー…3枚
えごまの葉…6枚
生ゆば…150g
きゅうりの細切り…1本分
しらがねぎ…¼本分

作り方

① まぐろはあらみじんに切
り、Aとまぜ合わせる。

② ライスペーパーは水にさ
っとくぐらせ、まないた
に広げる。えごまの葉2
枚を敷き、1、生ゆば、
きゅうり、しらがねぎの
各⅓量を順にのせて巻
く。食べやすく切って器
に盛り、好みでえごまの
葉を添える。

POINT

生春巻きの巻き方

水にくぐらせたライスペー
パーをまないたに広げ、手
前に具材を配置（a）。ライ
スペーパーを手前から持ち
上げて巻き込み、両端を内
側に折りたたみ（b）、しっ
かり巻いていきます（c）。

白　白　泡　ロゼ

軽×
酸しっかり

重×
酸しっかり

ロワールのソーヴィニヨン・ブランなど、さっぱり系の白ワインを選ぶと、レモングラスの爽快な風味やレモンの酸味と調和します。

ナンプラーが香るエスニックテイストのいため物。
味の決め手となるレモングラスは通販などでも買えます。

鶏肉とれんこんのレモングラスいため

材料　2人分

鶏もも肉 … 1枚
れんこん … 300g
ししとうがらし … 8本
レモングラス … 3本
にんにく … 1かけ
赤唐辛子の小口切り
　… 1本分
A　ナンプラー … 大さじ1
　　砂糖 … 大さじ½
　　レモンのしぼり汁
　　　… ½個分
サラダ油 … 大さじ½

作り方

① 鶏肉は大きめの一口大に切る。れんこんは乱切りにする。ししとうはへたを除く。レモングラスは切り口に紫の輪が見える部分まで小口切りにする。にんにくはみじん切りにする。

② フライパンにサラダ油、にんにく、赤唐辛子を入れて中火で熱し、香りが立ったら鶏肉を皮目を下にして並べ入れる。焼き色がついたら、れんこん、ししとう、レモングラスを加えて2～3分いためる。

③ まぜ合わせたAを加え、汁けがなくなるまでいためる。

POINT

レモングラスの切り方

レモングラスの端を切ると紫の輪が見えます。この紫に色づいているところまでが食べやすく香りも高い。それより上はかたいので使わず、ハーブティーなどに利用を。

材料 2～3人分

ゆで卵 … 6個
玉ねぎ、トマト
　… 各½個
にんにく … 1かけ
赤唐辛子 … 2本
こぶみかんの葉 … 1枚

シュリンプペースト … 小さじ½
塩 … 小さじ¼
ココナッツミルク … ½カップ
サラダ油 … 大さじ1
揚げ油 … 適量

作り方

1　揚げ油を180度に熱し、ゆで卵を入れて表面が茶色くなるまで素揚げにする。玉ねぎはあらいみじん切りにし、トマトは5mm角に切る。にんにくはみじん切りにする。

2　フライパンにサラダ油、にんにく、赤唐辛子を入れて弱火で熱し、香りが立ったら玉ねぎを加えていためる。こぶみかんの葉、シュリンプペーストを加えていため、トマト、塩を加えてさらにいためる。

3　ココナッツミルクを加え、煮立つ直前まであたたまったら卵を加え、とろりとするまでいため合わせる。

Recommended WINE

（白）　（白）　（オレンジ）

軽×　　　重×
酸まろやか　酸まろやか

まろやかなココナッツミルクの風味やゆで卵のホクホク食感に合わせ、クリーミーな口当たりの白ワインを。こぶみかんの葉の柑橘系の香りと相性のよいオレンジワインもOK。

まろやかなココナッツミルクソースとえびみそのコクがからんで絶品

揚げゆで卵の ココナッツミルク煮 えびみそ風味

POINT

揚げることで 味がしっかりからむ！

ゆで卵を素揚げにすると（卵に火を通す必要はないので1～2分でOK）、表面がぼこぼこに。ソースがからみやすくなり、味をしっかりつけることができます。

風味づけに欠かせない エスニック食材

こぶみかんの葉（左）やシュリンプペースト（右）はタイやインドネシアなどでよく使われる食材で、独特の風味が。日本でもエスニック食材店や通販などで入手可能。

赤キャベツの
クミンコールスロー

トルコ風ねぎの
オリーブオイル煮

トルコ風
白いんげん豆の
サラダ

トマトラム肉と
フライドポテトの
ヨーグルトソースがけ

Recommended WINE

白	ロゼ泡	赤	白	ロゼ
軽× 酸まろやか		軽× 酸味	軽× 酸しっかり	

まろやかな酸味のサラダなので、同じくまろやかな白ワインがgood。少し甘口のものがおすすめです。キャベツのシャキシャキ食感と合わせてシュワッと軽やかなロゼ泡も◎。

マイルドなビネガー風味のコールスローに
スパイシーなクミンが加わりあとを引く

赤キャベツの
クミンコールスロー

材料 2〜3人分

赤キャベツ、玉ねぎ
　…各¼個
にんじん … ½本
塩 … 適量
松の実 … 大さじ1
A　オリーブ油、白ワインビネガー
　　…各大さじ2
　　クミンパウダー… 大さじ½

作り方

① 赤キャベツはせん切りにして塩小さじ½をもみ込み、にんじんはせん切りにして塩少々をもみ込む。それぞれ10分ほどおいて水けをしっかりしぼる。玉ねぎは薄切りにする。松の実はフライパンでからいりする。

② ボウルにAをまぜ合わせ、1を加えてあえる。

POINT

松の実のコクと
食感がアクセント

松の実は松の種の胚乳部分。栄養価が高く、コクのある味わいとつぶつぶの食感が楽しめます。トルコではよく使われる食材で、ピラフの具材としても人気。

オイルでじっくり煮た野菜に米でとろみづけ。
現地の家庭で教わったレシピ

トルコ風ねぎの
オリーブオイル煮

Recommended WINE

赤	白	白	オレンジ	ロゼ
軽× 酸味	軽× 酸しっかり	軽× 酸まろやか		

トマトやオリーブ油の風味は軽めの赤ワインや白ワインと◎。まろやかなオレンジワインやロゼを合わせると、煮込んだねぎやお米のとろみととけ合い、味の余韻を楽しめます。

材料 2人分

ねぎ … 2本
にんじん … ½本
にんにく … ½かけ
A　米 … 大さじ1
　　トマトペースト … 大さじ½
　　レモンのしぼり汁 … ¼個分
　　塩 … 小さじ1
　　砂糖 … 小さじ½
オリーブ油 … ¼カップ

作り方

① ねぎは5cm長さに切る。にんじんは5cm長さに切り、四つ割りにする。にんにくはみじん切りにする。

② 鍋にオリーブ油、にんにくを入れて弱火で熱し、香りが立ったらねぎ、にんじんを入れていためる。

③ Aを加え、ふたをして15分ほど煮る。あら熱がとれたら食べる。

POINT

トマトペーストで
甘みとコクを

トマトペーストは、トルコでは日本のみそやしょうゆのような存在。甘みやコクを加える調味料として、煮込み料理やスープなどさまざまな料理の味つけに使われます。

レモンの酸味にピリッとした玉ねぎの辛み、ピーマンの青い香り……さわやかな一品なので、ソーヴィニヨン・ブランなど、ミネラリーでハーブの香りのする白ワインがgood。

野菜、豆、チーズに卵の具だくさんサラダ。
レモンの風味がさわやか

トルコ風白いんげん豆のサラダ

材料 2〜3人分

白いんげん豆（水煮）
　…1カップ
玉ねぎ … ¼個
ピーマン … 1個
イタリアンパセリ
　…4枝
トマト … ½個
ブラックオリーブ
　…6個

A｜レモンのしぼり汁
　　…½個分
　　オリーブ油
　　…大さじ1
　　ミント（ドライ）
　　…小さじ1
　　チリペッパー… 少々
　　塩 … 小さじ¼
フェタチーズ … 50g
ゆで卵 … 1個

作り方

① 玉ねぎ、ピーマン、イタリアンパセリはみじん切りにする。トマトは5mm角、ブラックオリーブは半分に切る。

② ボウルにAを入れてまぜ合わせ、白いんげん豆、1を加えてまぜる。

③ 器に盛り、フェタチーズを手でくずして散らし、くし形に切ったゆで卵をのせる。

POINT

フェタチーズが味のポイント

フェタチーズは羊乳で作ったギリシャ原産のチーズ。塩味が強く、小さくほぐして料理に使うと味のアクセントに。しょっぱすぎる場合は水にひたして塩抜きを。

赤ワインやロゼが◎。タンニンがラムのクセを中和し、うまみを引き立てます。トマトやヨーグルトに合わせてワインも酸味が強めのものを。

さわやかなヨーグルトソースがラム＆トマトと相性抜群!
つけ合わせのポテトもやみつきに。

トマトラム肉とフライドポテトのヨーグルトソースがけ

材料 2人分

ラム薄切り肉 … 200g
玉ねぎのみじん切り … ½個分
にんにくのみじん切り … ½かけ分
A｜トマト（1cm角に切る）… 1個
　　オレガノ（ドライ）… 大さじ1
　　塩、こしょう … 各少々
オリーブ油 … 大さじ1
フライドポテト（冷凍）、揚げ油
　…各適量
プレーンヨーグルト … 適量

作り方

① 揚げ油を180度に熱し、フライドポテトをこんがりと揚げて油をきる。

② フライパンにオリーブ油、にんにくを入れて弱火で熱し、香りが立ったら玉ねぎを入れていためる。しんなりしたらラム肉を加え、肉の色が変わったらAを加え、トマトがとろりとするまでいためる。

③ 器に1を盛り、2をのせてヨーグルトをかける。好みでイタリアンパセリのみじん切りやチリペッパーを振る。

86

Recommended WINE

 オレンジ 赤 白 ロゼ 白

軽×渋味　重×酸まろやか　軽×酸まろやか

ガラムマサラのスパイシーな風味とマッチするオレンジワインがベスト。クリーミーで甘いかぼちゃに合わせて少し甘めの白やロゼにしても。

材料 2〜3人分

ラム薄切り肉 … 50g
かぼちゃ … 300g
玉ねぎ … ¼個
クミン（ホール）… 小さじ1
A｜カレー粉 … 大さじ1
　｜ガラムマサラ … 小さじ1
　｜塩 … 小さじ¼
春巻きの皮 … 4枚
サラダ油 … 大さじ1
小麦粉、揚げ油 … 各適量

かぼちゃは揚げると甘みがアップ。
スパイシーなガラムマサラが
味に深みをもたらしてくれます。

ラムとかぼちゃのサモサ

作り方

① ラム肉はあらく刻む。かぼちゃは種と皮を除いて一口大に切り、耐熱ボウルに入れてラップをかけ、電子レンジで7〜8分加熱し、フォークでつぶす。玉ねぎはみじん切りにする。

② フライパンにサラダ油とクミンを熱し、玉ねぎをいためる。透き通ったらラム肉、Aを加え、肉の色が変わるまでいためる。火を止め、1のかぼちゃにまぜる。

③ 春巻きの皮は縦に3等分に切る。皮の端に2の1/12量をのせ、三角形になるように折りたたみながら包む。巻き終わりを同量の水でといた小麦粉でとめる。

④ 揚げ油を180度に熱し、3を入れて1〜2分揚げ、油をきる。

POINT

サモサの巻き方

3等分に切った春巻きの皮をまないたに広げ、具を三角形にまとめて端にのせます（a）。三角に折りたたみながら包み（b）、包み終わりに水でといた小麦粉を塗ってとめます（c）。

白	オレンジ	白	白	白
軽×酸まろやか		軽×酸しっかり	重×酸しっかり	重×酸まろやか

あさりのだしを味わう一品。スペインのアルバリーニョなど、あさりのうまみに寄り添うようなミネラル系白ワインや、だしに似た味わいをもつオレンジワインが合います。

あさりとディルはベトナムでは
定番の組み合わせ。
貝のだしがしみ込んだフォーは
お酒のシメにもぴったり。

あさりとたっぷりディルのフォー

材料　2人分

フォー… 160g
あさり（砂出ししたもの）… 200g
ディル … ½パック（4本）
しょうがの薄切り … 1かけ分
ナンプラー… 大さじ2
もやし … ¼袋
オリーブ油 … 大さじ½
ライム … ¼個
赤唐辛子の小口切り … 適量

作り方

① あさりは殻と殻をこすり合わせて洗い、水けをきる。ディルは葉を摘む。鍋にオリーブ油、しょうがを入れて弱火で熱し、香りが立ったらあさりを入れて1分ほどいため、水4カップを加える。

② あさりの口があいたらナンプラーを加え、ざるでこしてスープを鍋に戻し入れ、中火にかける。沸騰したら、もやし、赤唐辛子を加えてさっと煮る。

③ 別の鍋に湯を沸かし、フォーを袋の表示時間どおりにゆでて器に盛る。2のスープを注ぎ、あさり、もやし、ディル、半分に切ったライムをのせる。

POINT

米が原料のやわらかめん

ベトナム料理でおなじみのフォーは、米粉で作られた平たいめん。コシがなく、汁めんに使われるのが一般的。日本でも輸入食品店などで手軽に買えます。

かための食感に仕上げるのが現地風。
ねぎとオイスターソースのうまみたっぷりで
これをアテにもう一杯飲みたくなる味。

ねぎだけ香港焼きそば

牛肉のうまみや脂がとけ込んだごはんに
とろ～り卵黄をくずすと、もうたまらない！
おこげがまた絶品なので、ぜひ土鍋で。

香港風ミニ土鍋ごはん

材料 2人分

中華蒸しめん（焼きそば用）… 2玉
ねぎ… 2本
A┃ 紹興酒… 大さじ2
 ┃ XO醤、中国しょうゆ、オイスターソース
 ┃   … 各大さじ1
 ┃ 五香粉… 少々
ごま油… 大さじ2

作り方

① ねぎは斜め薄切りにする。中華めんは袋の口をあけて電子レンジで1分ほど加熱し、ほぐす。

② フライパンにごま油を中火で熱し、中華めんを広げ入れる。さわらず両面をじっくり焼き、焼き色がついたらとり出す。

③ 同じフライパンでねぎをいためたら2を戻し入れ、まぜ合わせたAを加えて全体にからめる。

Recommended WINE

ロゼ	赤	白	白	オレンジ
	軽×酸味	軽×酸しっかり	軽×酸まろやか	

オイスターソースの濃厚なうまみや五香粉のスパイス感をさわやかに受け止めるロゼがおすすめ。ねぎのシャキシャキ感に合わせて軽めの白ワインにすると、食後感がさっぱり。

POINT

しっかり焼いて、かための食感に

かためでこしのある香港の焼きそばを再現するために、中華めんを最初にじっくり焼いて水分をとばし、焼き目をつけるのがポイント。太めんより細めんがおすすめ。

材料 2〜3人分

タイ米（ジャスミンライス）… 180㎖（1合）
牛薄切り肉… 150g
しいたけ… 2個
A┃ しょうゆ、紹興酒… 各大さじ1
 ┃ オイスターソース、ごま油… 各小さじ2
 ┃ かたくり粉… 小さじ1
 ┃ 砂糖… 小さじ½
 ┃ おろしにんにく… ½かけ分
サラダ油… 小さじ1
卵黄… 1個分
細ねぎの小口切り… 適量

作り方

① ボウルにAをまぜ合わせ、牛肉を入れてもみ込む。しいたけは薄切りにする。

② 小さめの土鍋にタイ米、サラダ油、米と同量の水を入れてふたをし、中火にかける。沸騰したら弱火にして3分ほど炊き、1をのせ、スプーンなどで中央にくぼみをつける。さらに4分ほど炊き、火を止めて2〜3分蒸らし、くぼみに卵黄をのせて細ねぎを散らす。よくまぜて食べる。

Recommended WINE

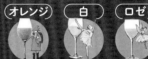

オレンジ	白	ロゼ
	軽×酸しっかり	

牛肉やオイスターソースの濃厚なコクに、うまみ成分のあるオレンジワインを合わせると、相乗効果でおいしさもアップ。あと味が重くなりすぎないように軽い飲み口のものを。

POINT

タイ米独特の甘い香りも魅力

香港のごはんはタイ米を使うのが一般的。タイ米特有の甘い香りやパラパラした食感を楽しむために、米はあまり洗わずに軽くすすぐ程度に吸水させずに炊きます。

COLUMN　おうちコースを組み立ててみよう

たとえば　軽くて酸がまろやかな
白ワインをあけたい日の

モダンな和のコース

前菜

厚揚げの
ゴルゴンゾーラ焼き
（p.37）

いちごとオレンジの
マスカルポーネ
白あえ
（p.95）

納豆と
たっぷりパセリの
タパス
（p.44）

はちみつ梅と
ひじきのマリネ
（p.38）

序盤はビールや
ロゼなどで乾杯しても♪

たとえば　重くて×酸がまろやかな
白ワインをあけたい日の

ハーブをきかせた、
エスニックをとり入れたコース

前菜

さば缶のディルあえ
（p.36）

エスニック粉ふきいも
（p.42）

トマトとみょうがの
ナンプラーあえ
（p.44）

序盤はビールや
ロゼ泡などで乾杯しても♪

たとえばこんな献立はいかがでしょうか。
2人なら3〜4品をチョイスしても充分。人数に合わせて自由に組んで。

和食は地味になってしまいがちですが、
ワインに合わせることを想定した本書の和食なら、見劣りせず満足感も大。
少しもの足りないときは肉料理を追加するか、シメに土鍋で炊いたごはんなどを
用意すると、白身魚の蒸し汁がおいしいので喜ばれるでしょう。
つまみが止まらないのでワインが何本も欲しくなってしまうかも!?

シメ

牛肉とクレソンの煮びたし
（p.39）

牡蠣とクリームチーズの
春巻き
（p.105）

白身魚の酒蒸し
セロリじょうゆ油がけ
（p.99）

脂ののったきんきを
メインにして、豪華に

ハーブを使った料理は、天気のいい日や暑い日に、
キリッと冷やした強めの白ワインと合わせるとたまらない幸福感があります。
いつもとちょっと違った味わいなので、休日の昼から飲みたい気分のときにも。
白ワインのあとにオレンジや薄赤などのワインをあけるのもぴったりのコースです。

シメ

汁なし皿ワンタン
（p.74）

なすと豚肉の
バジルいため
（p.75）

揚げゆで卵の
ココナッツミルク煮
えびみそ風味
（p.81）

あさりと
たっぷりディルの
フォー（p.87）

つまめる皿料理を
いろいろ並べて♪

ワインを合わせるモダン和食

by Daisuke Igarashi

ハーブなどをとり入れた斬新な和食はワインにぴったり。
和食×ワインから広がる新しい味の世界を楽しんで。

イクラとサーモン、
野菜の塩麹あえ

しめさばと野菜のあえ物
すだちとわさびじょうゆで

春菊とりんごのサラダ
あんぽ柿のドレッシング

いちごとオレンジの
マスカルポーネ白あえ

塩麹であえたサーモンはねっとりと
濃厚な味わい。太めに切った野菜の
パリッとした歯ごたえがアクセント。

イクラとサーモン、野菜の塩麹あえ

塩麹のまったりとした食感や甘みが
印象的な一品。口当たりや風味が近
い、濃厚でコクのある白ワインや、
少し甘めのロゼが合います。

材料 2人分

イクラ（塩漬けまたはしょうゆ
　漬け）… 大さじ2
サーモン（刺し身用）… 100g
大根 … 3cm（150g）
にんじん … 3cm（40g）
塩 … 小さじ1
塩麹 … 60g

作り方

① 大根とにんじんは細切りにし、塩を振って30分
ほどおく。しんなりしたら軽く水けをしぼる。サ
ーモンは薄切りにする。

② ボウルに1とイクラ、あればさっと塩ゆでにした
食用菊の花びらを入れてまぜ合わせ、塩麹を加え
てあえ、2時間ほどおいてなじませる。

においの強いさばを、ワインと相性の
いいすだちがカバー。わさびが
ピリッと味を引き締めて箸が進みます。

しめさばと野菜のあえ物
すだちとわさびじょうゆで

脂がのったさばは、少しタンニンの
あるワインを合わせるとうまみがき
わ立ちます。ぜひ、軽めの赤ワイン
やロゼを試してみてください。

材料 2人分

さば（三枚におろしたもの／
　半身）… 1切れ（250g）
菜の花 … ¼束
スナップえんどう … 3本
しめじ … ½パック
塩 … 500g
米酢 … 適量
Ａ　大根おろし … 100g
　　だし … 大さじ2
　　しょうゆ … 小さじ1
　　すだちのしぼり汁
　　　… 2個分
　　ねりわさび … 適量

作り方

① さばは全体に塩をまぶし、1時間ほどおく。
洗って水けをふき、骨を抜き、かぶるくらい
の米酢につけて1時間ほどおく。ラップをか
けて冷凍室に入れ、24時間以上おく。自然
解凍させて8mm厚さに切る。

② 鍋に湯を沸かして塩少々（分量外）を入れ、菜
の花をさっとゆでる。水けをきり、食べやす
い長さに切る。同じ湯で筋を除いたスナップ
えんどうをさっとゆでる。しめじは石づきを
除いて小房に分ける。フライパンを中火で熱
し、油を引かずにしめじを入れ、しんなりす
るまでいためる。

③ ボウルにＡをまぜ合わせ、2を入れてあえ、
1を加えてさっくりとまぜる。

POINT

しめさばは冷凍して
食中毒予防を

魚介類には食中毒を引き起
こすアニサキスがいること
も。マイナス20度で24時
間以上冷凍すれば死滅させ
られます。市販のしめさば
で手軽に作るのもあり。

フルーティーなドレッシングとほろ苦い春菊のハーモニー。ごまの香ばしい風味や歯ざわりが食欲をそそります。

春菊とりんごの サラダ
あんぽ柿のドレッシング

Recommended WINE

| 白 | オレンジ | 泡 | ロゼ |

軽×酸しっかり

フルーツやお酢の酸味を味わうサラダには、すっきりとした酸味の白ワインを。ごまの風味と相性のよいオレンジワインなども合います。

材料 2人分

春菊 … ½束
りんご … ¼個
レモンの薄切り … 1枚
あんぽ柿 … 2個
A ┃ だし … 大さじ1⅓
　┃ 濃口しょうゆ、りんご酢
　┃ 　… 各小さじ2
　┃ 赤ワインビネガー
　┃ （白ワインビネガーでも可）
　┃ 　… 小さじ1
米油 … 大さじ2
いり白ごま … 大さじ1

作り方

① 春菊は根元を切り落として4cm長さに切り、水に30分ほどつけけ、シャキッとしたら水けをきる。りんごは半分は皮をむき、半分は皮つきのまま5mm厚さのいちょう切りにする。ボウルに水とレモンを入れ、りんごを2分ほどつけ、水けをきる。

② あんぽ柿はへたを除き、縦に半分に切って種を除く。果肉は包丁でたたいてペースト状にし、Aとまぜ合わせてドレッシングを作る。残った皮はあらく刻む。

③ ボウルに1、あんぽ柿の皮を入れ、米油を加えてさっとまぜ合わせる。2のドレッシングを加えてあえ、ごまを振る。

POINT

あんぽ柿を とろみづけに

あんぽ柿は渋柿を硫黄で薫蒸した干し柿で、中身がゼリーのような食感なのが特徴。その半生状の果肉を利用し、とろりとしたドレッシングに仕上げます。

マスカルポーネ入りのリッチな白あえは泡と相性抜群！ピーナッツバターのコクが加わってやみつきの味に。

いちごとオレンジの マスカルポーネ白あえ

Recommended WINE

| 白 | ロゼ泡 | ロゼ |

軽×酸まろやか

クリーミーで軽い酸味のあるマスカルポーネには、泡がぴったり。フランス・ロワールのシュナン・ブランなど、まろやかな白ワインも◎。

材料 2人分

いちご … 6個
オレンジ … ½個
絹ごしどうふ … ½丁（150g）
マスカルポーネ … 80g
塩 … ひとつまみ
ピーナッツバター（有糖）
　… 大さじ1
オレンジの皮のみじん切り
　… 少々

作り方

① いちごは洗ってへたをとり、縦に半分に切る。オレンジは厚めに皮をむいて薄皮をむき、一口大に切る。

② 鍋にとうふと水を入れて煮立て、1分ほどゆでてざるに上げ、キッチンペーパーで包んで水けをしっかりふく。フードプロセッサーに入れ、マスカルポーネ、塩、ピーナッツバターを加えてなめらかになるまでかくはんする。

③ 器にいちご、オレンジ、2を交互に盛り、オレンジの皮を飾る。

POINT

ピーナッツバターで コクと甘みを

ピーナッツバターはパンなどに塗る有糖タイプでOK。白あえの衣に加えると、ナッツのコクやなめらかな口当たりとともに、ほんのりとした甘みが加わります。

低温でじっくりと火を通した牛肉は
しっとりやわらか。
だしベースの和風だれで
あっさり仕上げてロゼのお供に。

和風ローストビーフ
おだしと七味風味

Recommended WINE

ロゼ　赤

軽×酸味

脂が少ないもも肉を使ったロースト
ビーフなので、軽く飲める辛口のロ
ゼや、タンニンが少なめの赤ワイン
がおすすめ。酸味が強めのタイプな
ら、さらにさっぱり感がアップ。

材料 2人分

牛ももかたまり肉…150g
にんにくの薄切り…1かけ分
タイム（生）…2〜3本
A｜だし…¾カップ
　｜しょうゆ、みりん
　｜　各大さじ2
サラダ油…大さじ1
ラディッシュの薄切り…2個分
ベビーリーフ、七味唐辛子
　…各適量

作り方

① 牛肉は焼く30分〜1時間前に冷蔵室から出して室温にもどす。

② 鍋にAを入れて中火にかけ、ひと煮立ちさせて火を止める。あら熱がとれたらファスナーつき保存袋に入れる。

③ フライパンにサラダ油とにんにく、タイムを入れて中火で熱し、香りが立ったら牛肉を入れる。強火にして返しながら全体に焼き色がつくまで焼く。熱いうちに2の保存袋に入れ、空気を抜いて密閉し、袋の口をとじる。

④ 炊飯器の内釜に60度の湯を張って3を入れ、保温モードにして1時間ほどおく。

⑤ 鍋に4のつけ汁を入れて中火にかけ、煮立ったらアクをとって中火で15分ほど煮詰め、ソースを作る。

⑥ ローフトビーフを3mm厚さに切って器に盛り、ベビーリーフとラディッシュを添える。5のソースをかけて七味唐辛子を振る。

Recommended WINE

赤	赤	赤	赤
軽×渋味	軽×酸味	重×酸味	重×渋味

鴨の脂のうまみを引き立たせるのは、渋味のある赤。やわらかい鴨ならブルゴーニュのピノ・ノワール、歯ごたえのある鴨ならボルドーのカベルネ・ソーヴィニヨンがおすすめ。

コクのある鴨の脂と
赤ワインがとけ合って芳醇な味わい。
鴨肉はすぐに火が通るので、
焼きすぎないように注意を。

鴨とねぎの赤ワインしょうゆ焼き

材料 2〜3人分

鴨ロース胸肉
…1枚（240g）
ねぎ…½本
A｜ しょうゆ、赤ワイン
　　…各90㎖
　　だし、みりん
　　…各大さじ3
サラダ油…大さじ1
あらびき黒こしょう…適量

作り方

1. 鴨肉は余分な油や膜があれば包丁でそぎとり、7mm厚さに切る。バットにAを入れてまぜ合わせ、鴨肉をつけて20分ほどおく。ねぎは斜めに2mm間隔で浅い切り込みを入れ、4cm長さに切る。

2. フライパンにサラダ油を中火で熱し、ねぎを入れて焼き目がつくまで焼く。1の鴨肉を汁けをきって加え、30秒ほど焼く。返して火を止め、すぐ器に盛る。

3. フライパンに鴨肉のつけ汁を入れて中火で熱し、1〜2分煮詰めて2にかけ、あらびき黒こしょうを振る。

POINT

鴨肉を買ったら状態をチェック

肉の面を見て、白い脂肪や白い膜、筋がついていたら包丁でそぎとり、皮に羽根が残っていたら抜きます。すでに下ごしらえされている鴨肉なら、こうした処理は不要。

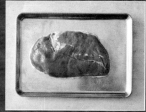

脂ののった白身魚に
熱々の油をジュッとかけて。
しょうゆに油と脂のうまみが
流れ出し、
汁まで食べたくなる一品。

Recommended WINE

（白）　（ロゼ）

軽×
酸まろやか

南仏のシャルドネなど、やわらかい
味わいの白ワインや少し甘めのロゼ
を合わせて。きんき特有の甘みのあ
るとろっとした脂と口の中で融合し、
味の余韻が長く続きます。

白身魚の酒蒸し
セロリじょうゆ油がけ

材料　2人分

きんきなど脂ののった白身魚 … 1尾
しょうがの薄切り … 1かけ分
ねぎの青い部分、セロリの葉 … 各1本分
塩 … 小さじ1
酒 … 大さじ2
A｜しょうゆ … 大さじ2⅔
　｜たまりじょうゆ（なければしょうゆ）、黒酢
　｜　… 各小さじ2
　｜みりん … 小さじ4
　｜紹興酒 … 大さじ1
　｜セロリの茎（スライスまたは葉1本分） … ½本分
豆苗 … ½パック
ねぎの白い部分 … 5cm
ミックスナッツ（素焼き） … 適量
米油 … 大さじ2

作り方

① 魚はうろこと内臓を除き（魚屋さんにお願いしても）、
洗って水けをふき、塩を振る。豆苗は根元を切り落
とす。鍋に湯を沸かし、塩少々（分量外）、豆苗を入
れて30秒ほどゆで、水けをきる。ねぎの白い部分
は芯を除いてせん切りにし、水に5分ほどさらして
水けをふく（しらがねぎにする）。ナッツはポリ袋な
どに入れ、めん棒などであらく砕く。

② 耐熱皿の中央に魚をのせ、まわりにねぎの青い部分、
セロリの葉、しょうがを散らし、酒を振り、蒸気の
上がった蒸し器に入れる。ふたを少しずらしてのせ、
中火で10分ほど蒸す。

③ 鍋にAを入れて中火にかけ、煮立ったら火を止め、
自然に冷ましてセロリの茎をとり出す。

④ 熱いうちに器に入れ、2の魚、豆苗を盛り、しらが
ねぎ、ナッツを散らす。小さめのフライパンに米油
を入れて熱し、回しかける。

POINT

**きんきなど脂の
のった魚がおいしい**

魚の処理は魚屋さんにお願い
しても。肝臓はおいしいので
ぜひ残して。のどぐろやきん
めだいでも。めばるやたらな
ど淡泊な白身魚で作る場合、
米油をごま油にかえるとコク
がアップ。

**蒸気を逃がしながら
じっくり蒸して**

蒸し器のふたをほんの少しず
らし、余分な蒸気を逃がしな
がら蒸すと、魚にじっくりと
火が通り、うまみがしっかり
残ったままふっくらと仕上が
ります。

Recommended WINE

白　オレンジ

重×
酸しっかり

たっぷり添えられた薬味に合わせて、酸味のある白ワインを。牛タンの存在感もしっかりあるので、コクも酸味も強めのタイプが◎。

こんがり焼いた牛タンに、香味野菜どっさりのたれ。
かみしめるごとに爽快な香りや豊かな食感を楽しめます。

牛タンの塩焼き たっぷり薬味ソース

材料　2人分

牛タン（厚切り）… 200g
塩 … 小さじ½
A 大根おろし … 150g
青じそのせん切り … 5枚分
ねぎのみじん切り … 5cm分
細ねぎの小口切り … 大さじ2
みょうがの小口切り … 1本分
貝割れ菜（3cm長さに切る）
　… 1パック
いり白ごま … 小さじ1
ごま油 … 大さじ1
塩 … 小さじ½
レモンのしぼり汁 … 1個分
サラダ油 … 大さじ1
粉ざんしょう … 適量

作り方

1. 牛タンは斜め格子状に5mm幅の浅い切り込みを入れ、塩を振って30分ほどおく。

2. フライパンにサラダ油を強火で熱し、牛タンを切り込みを入れた面を下にして焼く。こんがりと焼き目がついたら返して火を止め、予熱で火を通す。

3. 器に盛り、まぜ合わせた **A** をのせ、粉ざんしょうをたっぷりと振る。

POINT

隠し包丁で厚切り
牛タンをやわらかく

牛タンは深さ1〜2mmの切り込みを入れると、歯切れがよくなります。大根は鬼おろしであらくおろすか、半量をあらみじんに切ると食感が残っておいしいです。

粕汁を思わせる、まったりとした
風味のちゃんちゃん焼き。その味
わいに寄り添うように、酸味がま
ろやかな白ワインを合わせて。

ふわっと香る酒粕の風味で
漁師めしが上品な一品に。
さわらは蒸し焼きにして

さわらのちゃんちゃん焼き
酒粕風味

材料　2人分

さわら（切り身）… 2切れ
玉ねぎ … ½個
しいたけ … 2個
にんじん、ごぼう … 各5cm
キャベツ … ¼個
グリーンアスパラガス … 3本
塩 … 少々
A ┃ 白みそ … 大さじ1½
　 ┃ 米みそ … 小さじ1
　 ┃ 酒粕 … 小さじ2
　 ┃ だし … 大さじ1
　 ┃ しょうゆ … 小さじ⅔
　 ┃ 酒 … 小さじ1⅓
サラダ油 … 大さじ2

作り方

① さわらは半分に切って両面に塩を
振り、10分ほどおく。玉ねぎ、
しいたけは薄切りにする。にんじ
ん、ごぼうは短冊切りにする。キ
ャベツはざく切りにする。アスパ
ラは根元のかたい部分は皮をむき、
4cm長さの斜め切りにする。

② フライパンにサラダ油を中火で熱
し、中央にさわらを皮目を下にし
て入れ、まわりに野菜を入れ、ふ
たをして10分ほど蒸し焼きにす
る。途中でさわらを返して野菜を
軽くまぜる。野菜がしんなりして
きたら、まぜ合わせた A を回し
かけ、ざっとまぜて火を止める。

POINT

酒粕のこっくりした
風味はワインにも◎

チーズのようなコクのある酒粕と
白みそを加えることで、ワインに
なじむ味わいに。酒粕は板粕でも
ねり粕でも。好みでたれにおろし
にんにくを加えてもおいしい！

ナンプラーと海鮮のだしがとけ合った鍋はうまみ抜群。
オイスターソース風味のピリ辛だれをかけると食欲倍増！

海鮮寄せ鍋
パクチー＆ナンプラーだれ

材料 4人分

生たら、たい（切り身）… 各2切れ
はまぐり（砂出ししたもの）… 8個
えび（有頭／殻つき）… 4尾
油揚げ … 1枚
白菜 … 3枚
ねぎ … 1本
せり … 1束

A｜だし … 3½カップ
　｜薄口しょうゆ … 大さじ2⅓
　｜みりん、ナンプラー
　｜　… 各大さじ1強

B｜ごま油 … ¼カップ
　｜オイスターソース、しょうゆ
　｜　… 各大さじ1⅓
　｜豆板醤 … 小さじ⅓

パクチー（刻む）、ライム … 各適量

作り方

① たら、たいは半分に切る。はまぐりは殻
をこすり合わせて洗う。えびは頭を残し
て殻をむき、背わたを除く。

② 油揚げは熱湯をかけて油抜きし、5cm角
に切る。白菜は葉と軸に切り分け、葉は
食べやすく切り、軸は縦に5cm長さの細
切りにする。ねぎは1cm厚さの斜め切り
にする。

③ 鍋にまぜ合わせた A を入れ、中火にか
ける。煮立ったらアクをとり、1、2を
順に入れる。具材に火が通ったら火を止
め、6cm長さに切ったせりをのせる。

④ B をまぜ合わせてたれを作り、パクチー
を散らしてライムをしぼる。3 をつけな
がら食べる。

POINT

パクチーだれで
エスニック気分

パクチーの香りやライムの酸味、
豆板醤の辛みなどが交差するたれ
をかけると、和食の鍋が一気にエ
スニック風に。パンチのきいた味
にワインも進みます。

トマトとバジルの香りで揚げ出しがモダンな印象に。
甘だいの上品な風味がトマト天つゆとよく合います。

甘だいと根菜の揚げ出し
トマト天つゆで

天つゆを味わうならオレンジワイン。トマトのフルーティーな酸味に合わせるならロゼ。甘だいの味わいを引き立たせるなら白ワイン。ワインによってさまざまな魅力を楽しめる一皿。

材料　2人分

甘だい（切り身）
　…2切れ
塩…少さじ1
れんこん…⅓節（50g）
にんじん…⅓本（50g）
ごぼう…⅓本（50g）
フルーツトマト…1個
A｜だし…½カップ
　｜みりん、しょうゆ
　｜…大さじ1⅓
かたくり粉、揚げ油
　…各適量
バジル（生）…適量

作り方

① れんこん、にんじん、ごぼうは乱切りにする。水とともに鍋に入れ、煮立ったら2分ほどゆでてざるに上げる。甘だいは両面に薄く塩を振り、10分おく。

② トマトは一口大に切って鍋に入れ、　を加えて中火にかけ、しんなりしたら火を止める。

③ 　の水けをキッチンペーパーでふきとり、かたくり粉を薄くまぶす。野菜を160度の揚げ油でカリッとするまで揚げる。続けて揚げ油を180度に熱し、甘だいを同様に揚げる。

④ 器に 3 を盛り、 2 をかける。好みであらびき黒こしょうを振り、バジルを飾る。

POINT

**ハーブ効果で和食が
ワインつまみに**

バジル＆トマトはイタリアンで定番の組み合わせ。和食をワインにぐっと寄せてくれます。トマトは糖度の高いフルーツトマトがおすすめですが、ミニトマトでも◎。

牡蠣のうまみがジュワッとあふれ出す春巻き。
クリームチーズと白みそのマリアージュがたまりません。

牡蠣とクリームチーズの春巻き

Recommended WINE

白	白	白	白	泡
重× 酸まろやか	軽× 酸しっかり	重× 酸しっかり	軽× 酸まろやか	重× 酸まろやか

牡蠣と白ワインは最高のペアリング！ クリームチーズと相性のよい、少し甘めで酸味のまろやかな白ワインがベストです。春巻きのサクッとした食感に合わせて泡にしても。

材料 2〜3人分

牡蠣（加熱用）… 120g
せり … ½束（40g）
A｜クリームチーズ、白みそ … 各40g
春巻きの皮 … 3枚
小麦粉、揚げ油 … 各適量

作り方

① 牡蠣は塩水（分量外）で振り洗いをし、水けをふきとる。せりは根元を切り落とす。鍋に塩少々（分量外）を入れた湯を沸かし、せりをさっとゆで、冷水にとってしぼり、こまかく刻む。

② 春巻きの皮に牡蠣、まぜたA、せりの各⅓量を順にのせて包む。巻き終わりを同量の水でといた小麦粉でとめる。残りも同様に巻く。

③ 170度の揚げ油でこんがりと揚げて油をきる。

POINT

巻き方のポイント

春巻きの皮の手前に牡蠣、A、せりをのせます（a）。空気が入らないように押さえながら1回巻き、両端を折り込み（b）、さらに巻いていきます。

まったりとした口当たり＆コクのあるごまだれと風味が近い、少し甘口で酸味がやわらかめの白ワインがおすすめ。まろやかな風味のオレンジワインやロゼワインも合います。

のどごしのいいそばに濃厚なごまだれがからんで最高の味！
まぐろのうまみや薬味のさっぱり感も楽しめます。

ごまだれづけまぐろのぶっかけそば

材料　2人分

そば（生）… 120g
まぐろ（中落ち／刺し身用）
　… 100g
A　だし… 1¼カップ
　　しょうゆ、みりん…各70mℓ
　　削り節…ひとつまみ
ねり白ごま…大さじ4
わさび（おろす）…小さじ2
細ねぎの小口切り、焼きのり（ちぎる）、
　貝割れ菜（4cm長さに切る）…各適量

作り方

① ごまだれを作る。鍋にAを入れて中火にかけ、煮立ったら火を止めて冷ます。キッチンペーパーを敷いたざるでこし、ねりごまを少しずつ加えてよくまぜ合わせる。

② ½カップをとり分け、水分をふいたまぐろを10分ほどつけ、汁けをきる。

③ たっぷりの湯を沸かし、そばを袋の表示時間どおりにゆでる。ざるに上げ、流水でよく洗い、冷水に1分ほどつけて水けをきる。器に盛って残りの①を回しかけ、②のまぐろ、細ねぎ、わさび、のり、貝割れ菜をのせる。

うなぎとごぼうの名コンビにふわとろ卵をのせて。
ふんだんに入れた木の芽もぜいたくな
ごちそうごはん。

うなぎとごぼうと
スクランブルエッグの
土鍋ごはん

Recommended WINE

（ロゼ）（赤）（オレンジ）

軽×渋味

白身魚の味わいに濃厚な脂のコク、
ふっくらした食感。さまざまな味わ
いをもつうなぎには、ペアリングの
幅が広いロゼを。薄旨系の軽めの赤
ワインや、オレンジワインもあり。

材料 2人分

米 … 360㎖（2合）
うなぎのかば焼き（市販）
　… 1くし（150g）
ごぼう …⅓本
　だし …¾カップ
　薄口しょうゆ、みりん
　　…各大さじ1強
卵 … 2個
塩 … ひとつまみ
サラダ油 … 小さじ2
うなぎのたれ（市販）、粉ざんしょう … 各適量

作り方

① 米は洗ってざるに上げ、15分ほどおいて水けをきる。土鍋に米と
　水360㎖を入れて30分ほどおく。

② うなぎは縦に半分に切り、横3㎝幅に切る。ごぼうはささがきにす
　る。鍋にＡを入れて中火にかけ、煮立ったらごぼうを入れてひと煮
　立ちさせ、火を止める。自然に冷まし、汁けをきる。

③ 卵は塩を加えてときほぐす。フライパンにサラダ油を入れて中火で
　熱し、卵液を流し入れる。手早くまぜ、半熟の状態で火を止める。

④ 1の土鍋にふたをして強火にかけ、煮立ったら弱火にして7分ほど
　炊く。2のうなぎ、ごぼうを加えて火を止め、10分ほど蒸らす。
　仕上げにうなぎのたれを回しかけ、3をのせる。粉ざんしょうを振
　り、あれば木の芽をのせる。

POINT

スーパーやデパートの
うなぎのかば焼きでOK

主役のうなぎは市販品を利用して
手軽に作って。味つけも添付のた
れを利用すれば簡単です。木の芽
はたっぷりのせるとリッチ感が出
て、味のアクセントにもなります。

COLUMN おうちコースを組み立ててみよう

たとえば オレンジワインをあけたい日の

和の前菜で始まって
メインにお肉を食べるコース

前菜

酒粕と
ゴルゴンゾーラの
はちみつカナッペ
(p.37)

かぶとからすみの
オイルあえ
(p.40)

あさりと
ホワイトセロリの
酒蒸し
(p.41)

春菊とりんごの
サラダ
あんぽ柿のドレッシング
(p.95)

はじめからワインをあけるのもよし、
まずはビールで乾杯しても

たとえば ナチュールのオレンジやロゼワインで

中東の小皿料理でラム肉を
堪能したい旅気分の日

前菜

赤キャベツの
クミンコールスロー
(p.84)

トルコ風ねぎの
オリーブオイル煮
(p.84)

トルコ風白いんげん豆の
サラダ
(p.85)

序盤はビールで乾杯しても。
海外のビールを買ってみるのも◎

たとえばこんな献立はいかがでしょうか。
2人なら3～4品をチョイスしても充分。人数に合わせて自由に組んで。

オレンジワインはだしや和風のやさしい味つけともよく合う万能選手。
お肉をガッツリ食べる前に、ちょっとモダンなつまみで一杯……。
豚肉を使ったミラノ風カツレツをメインにしていますが、「鴨ロースのグリルオレンジソース」
（p.64）なども前菜とのバランスがとれてよく合います。ピラフはお肉のつけ合わせの感覚で
出すのがおすすめですが、かにを加えてリッチな1品として出しても。

シメ

タルタルステーキ
（p.55）

ミラノ風カツレツ
（p.65）

マッシュルームピラフ
（p.71）

オレンジワインがあいたら、
赤ワインもよし！

ナチュールワインは和食、中華にもよく合いますが、トルコやモロッカンなど中東料理とも
抜群の相性。スパイスやハーブ、調味料の使い方が独特です。ちょこちょこつまみながら、
料理どうしの味がまざり合うマリアージュ、そしてワインとのマリアージュを楽しんで。
ラストには中華のエッセンスを入れた料理を合わせました。

シメ

トマトラム肉と
フライドポテトの
ヨーグルトソースがけ
（p.83）

ラムとかぼちゃの
サモサ
（p.86）

蒸しだらの
トマトザーサイだれ
（p.77）

香港風
ミニ土鍋ごはん
（p.89）

\ポイント解説 /

COLUMN 味の傾向をつかめば ビールだってペアリングできる!

ビールは主に 2タイプに分けられる!

ビールの種類のことを「ビアスタイル」といいます。
世界には100種類以上ものビアスタイルが
ありますが、大きく分けると2タイプ。

MEMO

クラフトビールって何?

アメリカでは「小規模」「独立している」「伝統的な製法や原料」がクラフトビールの条件とされています。日本では明確な定義はありませんが「小規模の醸造所が造る個性的なビール」をさすことが多いです。

ラガー系

キレがあり、すっきり。
ゴクゴク飲めるビール

醸造方法

ラガー酵母（下面発酵酵母）にて、5〜10度の低温で発酵。発酵すると酵母がタンクの底のほうに沈むため、下面と呼ばれます。中世ドイツで誕生。現代の世界的なビール市場の主流。

味わい

シンプルな味わいでキレがあり、すっきりとした飲み心地が楽しめます。多くの料理と合わせやすく、揚げ物とも、さっぱりした料理とも相性抜群! よく冷やして飲むのがおすすめ。

エール系

複雑味があり、濃厚。
香りも楽しめるビール

醸造方法

エール酵母（上面発酵酵母）にて、15〜20度の高温で発酵。発酵が進むにつれ、酵母がタンクの上のほうに浮いてくるので上面と呼ばれます。2000年以上の歴史をもつ醸造方法。

味わい

ビールによって違いますが、香りが高く、飲みごたえのあるタイプが多いです。じっくり楽しむ肉料理や、味の濃い料理と合わせて。冷やしすぎると味わいを損なうので注意。

ビールの味わい マトリックス

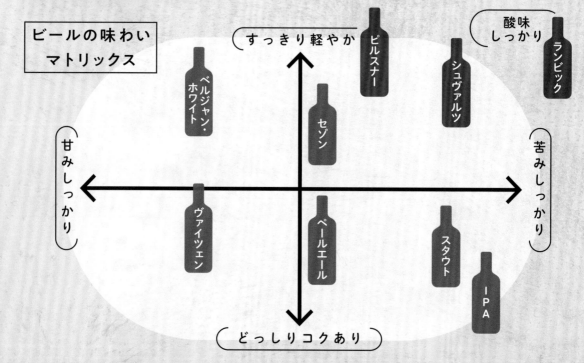

すっきり軽やか

酸味しっかり

甘みしっかり

苦みしっかり

どっしりコクあり

ベルジャン・ホワイト
セゾン
ピルスナー
シュヴァルツ
ランビック
ヴァイツェン
ペールエール
スタウト
IPA

ひと口にビールといっても、醸造方法や原料によって味わいはさまざま。
最近は個性豊かなクラフトビールをおく飲食店や販売店もふえ、
ビールの選択肢も広がっています。「とりあえず、ビール」なんて言わないで、
気分や料理に合わせてビールも選んでみませんか?

代表的なビアスタイル

ラガー ピルスナー

さわやかでドライ。食事を引き立てる辛口ビール

日本の大手ビールメーカーが造るビールの大半が、このピルスナー。さわやかなのどごしやキレのある苦味は飽きがこず、和食や野菜料理、軽めに仕上げた鶏肉料理や揚げ物など、さまざまな料理とペアリングできます。

ラガー シュヴァルツ

黒ビールだけれどすっきり。BBQにぴったり!

コーヒーを焙煎したときのような香ばしい香りやビターチョコレートのフレーバーが特徴。黒ビールの一種ですが、ラガースタイルなのであと味はすっきり。炭火で焼いた肉との相性がとてもよいので、ぜひBBQのお供に。

エール ヴァイツェン

まろやかでフルーティー。飲みやすさ満点

小麦を使ったビールの代表選手。ヴァイツェン酵母がバナナのようなフルーティーで甘い風味と香りを醸し出します。小麦つながりでパンやサンドイッチといっしょにどうぞ。意外な組み合わせですが、白みそと相性よし。

エール ペールエール

ホップ香るエールの王様は、丸みのある味わい

イギリス発祥のビアスタイルですが、アメリカに渡り発展し、世界的に流行しています。ホップの苦味と麦のふくよかな味わいをバランスよく生かしたビールで、肉料理とマッチ。スパイスを使ったアジア料理に合わせても。

エール IPA（インディア・ペールエール）

パンチのある味わいと苦味が世界中で大人気

大航海時代に生まれたスタイル。長期にわたる輸送中に傷めないように防腐剤となるホップを大量に使っているのが特徴で、アルコール度数も高め。クセのある食材とぴったりで、スパイス料理、激辛味、濃厚みそ味も◎。

エール ベルジャン・ホワイト

ベルギー伝統の白ビールはさわやかな柑橘風味

小麦を使った白ビール。麦の甘さにやわらかい酸味がとけ込んで飲みやすさ抜群。副原料としてオレンジピールとコリアンダーを使っており、柑橘やスパイスの香りが特徴。ハーブのサラダなどやさしい味わいの料理に。

エール スタウト

クリーミーな泡と焙煎の香りが魅力の黒ビール

18世紀にアーサー・ギネス氏が税金対策のために考案したビール。焙煎した大麦の香りやパンチのある苦味が特徴。濃い味つけの料理や煮込み料理、チーズなどと相性よし。冷やしすぎず、少し常温においてから飲むと◎。

エール セゾン

農家の自家製ビールがルーツ。多様性も魅力

ベルギーの農家が夏の飲み水がわりに造っていたビール。ブルワリーごとにさまざまなスタイルがあり、造り手の個性を感じられます。和食からアジア料理、フレンチ、イタリアンまで何にでも合うバランスのよい味わい。

MEMO

ラガー、エール以外のスタイルも

自然発酵による「ランビック」、フルーツが入った「フルーツビール」など、ラガーにもエールにも分類できない、独特な醸造方法のビアスタイルも。ビールのイメージが変わる個性的な味に出会えるかも!?

その他 ランビック

野性味のある味わいは、ビール界の異端児!?

ブリュッセル近郊でのみ造られるベルギービールの一種。その地域に生息する菌や野生酵母の働きにより、ワインやチーズを思わせる独特な香りと酸味が生まれます。きのこ料理やチーズと合わせて。おすしとも相性よし。

CHAPTER 3

日本酒の世界が広がる
和・洋・中の
ペアリングレシピ

日本酒といえば、和食。
なのですが、ジャンルにとらわれない
日本酒の新しい楽しみ方ができる、
創作和食をご提案します。
まるでふらりとはしご酒をしに出かけたときのように。
おうち居酒屋に、ルールはなし。
わいわいと小皿料理を好きなだけ、
自由にチョイスしてください。
料理につられて熱燗や冷酒が
止まらなくなることまちがいなし。

高橋善郎
YOSHIRO TAKAHASHI

———

料理家/日本酒ソムリエ/トライアスリート。料理家でありながら、東京・世田谷にある和食料理店「凧（はた）」「凧HANARE」の代表を務める。調理師免許、きき酒師、ソムリエ(ANSA)など食に関する資格を9個保有し、きき酒師の上位資格である日本酒学講師に当時、史上最年少で合格。食品メーカーのレシピ開発、店舗コンサルティングを中心に、メディアなどで活躍中。トライアスロンの国内大会では年代別優勝の実力をもつ。世界選手権にはエイジ日本代表として3年連続で出場し、「食×健康×スポーツ」を普及する活動も精力的に行っている。

焼きさばとねぎの
南蛮漬け

玉ねぎのロースト
おかかクリームのせ

ポテトサラダ
薫製風味

たらこの
マカロニサラダ

水分がほどよく抜けた塩さばを
使ったお手軽南蛮漬け。
焼きねぎの香ばしさも調味料がわり。

焼きさばとねぎの南蛮漬け

材料 2人分

塩さば（切り身／骨抜き）… 1尾分
ねぎ … 1本
みょうが … 1個
ごま油 … 大さじ1
ミニトマト … 8個
A｜酢、めんつゆ（2倍濃縮）
　　… 各½カップ
　｜水 … 大さじ2
　｜おろししょうが … 小さじ1
　｜赤唐辛子の小口切り … 1本分
すり白ごま、粉ざんしょう … 各適量

作り方

① さばは表面に浅く切り込みを入れ、1〜2cm幅に切る。ねぎは5cm長さに切り、表面に浅く切り込みを入れる。みょうがは小口切りにし、水にさらして水けをきる。

② フライパンにごま油を中火で熱し、さば、ねぎを入れて返しながら全体を焼く。焼き色がついたらミニトマトを加え、1分ほど焼いて火を止める。

③ ボウルにAを入れてまぜ合わせ、2を熱いうちに入れてつける。あら熱がとれたら冷蔵室で冷やす。器に盛ってみょうがを散らし、ごま、粉ざんしょうを振る。

じっくり焼いた甘い玉ねぎに
おかか＆クリームチーズで
うまみとやさしい酸味を添えて。

玉ねぎのローストおかかクリームのせ

材料 2人分

玉ねぎ … 2個
クリームチーズ … 100g
A｜しょうゆ … 大さじ1
　｜削り節 … 5g
オリーブ油 … 少々

作り方

① クリームチーズは耐熱皿にのせてラップをかけ、電子レンジで30秒ほど加熱し、Aを加えてまぜ合わせる。

② 玉ねぎは皮つきのまま縦に4等分に切る。アルミホイルを敷いた耐熱皿にのせてオリーブ油を回しかけ、250度に予熱したオーブンで表面に焼き色がつくまで10分ほど焼く。器に盛り、1をのせる。

さわやかなディルとサーモンに
枝豆を加えて、ほんのり和テイスト。
刻んだたくあんを入れても美味!

ポテトサラダ
薫製風味

Recommended SAKE

本醸造酒・
純米大吟醸酒　特別本醸造酒　純米吟醸酒

純米酒・
特別純米酒

スモークサーモンの薫製の風味や、ハーブの香りは純米大吟醸酒とマッチ。さわやかな味わいのサラダなので、すっきりした本醸造酒も◎。

材料 2人分

じゃがいも … 3個
スモークサーモン … 80g
枝豆（ゆでたもの）… 40g
玉ねぎ … ¼個
Ａ｜マヨネーズ … 100g
　｜レモンのしぼり汁
　｜　… 小さじ1
　｜ディルのみじん切り
　｜　… 5g
　｜あらびき黒こしょう
　｜　… 適量

作り方

① じゃがいもは皮つきのまま水からゆで、竹ぐしがスッと通るくらいになったらとり出し、皮をむいてあらめにつぶす。スモークサーモンは2cm幅に切る。枝豆はあらいみじん切りにする。玉ねぎはみじん切りにして水にさらし、キッチンペーパーで包んで水けをしっかりしぼる。

② ボウルにＡを入れてまぜ合わせ、1を加えてあえる。器に盛り、好みで表面がカリッとするまで焼いたバゲットを添える。

POINT

**スモークサーモンで
薫製の香りを**

香ばしくて食材のうまみが凝縮した薫製は、日本酒とも相性よし。ほかの食材ともなじみやすいスモークサーモンなら、薫製の風味を手軽にプラスできます。

たらことマスタードのつぶつぶが
口の中でおどる楽しいサラダ。
三つ葉の香りであと味すっきり!

たらこの
マカロニサラダ

Recommended SAKE

　　　　　　　純米酒・　　　本醸造酒・
純米吟醸酒　特別純米酒　特別本醸造酒　吟醸酒

うまみの強いたらこマヨネーズ味は、純米酒と相性よし。純米吟醸酒を合わせると、香り高い三つ葉の風味がよりきわ立って余韻さわやか。

材料 2人分

マカロニ … 60g
たらこ … 2腹
コーン（ホール）… 50g
ブラックオリーブ（種なし）
　… 20g
三つ葉 … 1束（50g）
Ａ｜マヨネーズ … 大さじ4
　｜粒マスタード … 小さじ2
　｜しょうゆ … 小さじ1

作り方

① たらこは薄皮を除く。コーンは汁けをきる。ブラックオリーブは輪切りにする。

② ボウルに1、Ａを入れてまぜ合わせる。

③ たっぷりの湯を沸かし、マカロニを袋の表示どおりにゆでる。ゆで上がる1分前に三つ葉を加えていっしょにゆで、ざるに上げる。あら熱がとれたら三つ葉の水分をしぼり、2cm長さに切る。

④ 2に3を加えてあえ、サニーレタスなど（分量外）を敷いた器に盛る。

とろとろ
塩牛すじ煮込み

たこと紅しょうがの
和風パテ

ムール貝の日本酒蒸し

本醸造酒・
特別本醸造酒

純米酒・
特別純米酒

吟醸酒

塩麹やしょうゆなどで煮たコクうま牛すじ煮には、純米酒がハマります。麹特有の香りと味わいで口の中がリフレッシュされるので、すっきり系の本醸造酒や吟醸酒もあり。

塩麹のマイルドな香りと甘さで
牛すじ大根が上品な味わいに。
にんじんやごぼうを加えても。

―――

とろとろ塩牛すじ煮込み

材料 2人分

牛すじ肉 … 300g
こんにゃく、大根 … 各200g

A | ねぎの青い部分 … 1本分
水 … 3カップ
塩麹、みりん … 各大さじ4
砂糖、薄口しょうゆ … 各大さじ3
おろしにんにく、おろししょうが … 各小さじ1

万能ねぎの斜め切り、 七味唐辛子 … 各適量

作り方

① 鍋にたっぷりの湯を沸かし、牛すじを入れる。落としぶたをして弱火～中火で1時間ほどゆで、とり出して一口大に切る。

② こんにゃくは手で一口大にちぎる。大根は1cm厚さのいちょう切りにする。

③ 鍋をさっと洗い、Aを入れてひと煮立ちさせる。1、2を入れ、落としぶたをして弱火～中火で牛すじがやわらかくなるまで1時間ほど煮る。器に盛り、万能ねぎを添え、七味唐辛子を振る。

POINT

**牛すじは食感を
ほどよく残して**

牛すじは下ゆでをしっかりしてアクや余分な脂を除いて。煮る時間を長くすればよりとろとろになりますが、食感をほどよく残すのが日本酒と合わせるポイント。

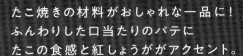

たこ焼きの材料がおしゃれな一品に！
ふんわりした口当たりのパテに
たこの食感と紅しょうががアクセント。

たこと紅しょうがの和風パテ

| 純米酒・特別純米酒 | 純米吟醸酒 | 本醸造酒・特別本醸造酒 | 吟醸酒 |

みそ×チーズのコクうまパテは日本酒のアテに◎。たこの食感が加わることで食べ飽きない一品に。紅しょうがやクリームチーズの風味と合う純米吟醸酒に合わせても。

材料 2人分

ゆでだこ … 100g
はんぺん … 1枚（110g）
紅しょうが … 30g
クリームチーズ、枝豆（ゆでたもの） … 各50g
みそ … 小さじ1
バゲット … 適量

作り方

① たこはぶつ切り、はんぺんは一口大に切る。紅しょうがは汁けをしっかりしぼる。クリームチーズは室温にもどす。

② フードプロセッサーに1、枝豆、みそを入れてかくはんする。器に盛り、表面がカリッとするまで焼いたバゲットに塗って食べる。好みでイタリアンパセリを散らす。

POINT

ふわふわ食感の秘密ははんぺん

パテにはんぺんを入れることで、ふわっと空気感のある食感に仕上がります。クリームチーズやみそのコクがしっかりありながらも軽い口どけで、食べ飽きないおつまみに。

ムール貝を日本酒で蒸して和つまみに。
豆乳仕立てのマイルドな味わいは
日本酒にやさしく寄り添います。

ムール貝の日本酒蒸し

| 純米酒・特別純米酒 | 純米吟醸酒 | 本醸造酒・特別本醸造酒 | 吟醸酒 | 大吟醸酒 |

定番の白ワインではなく、日本酒で蒸すことでムール貝の違ったおいしさが楽しめます。豆乳だしはうまみもありつつ上品なテイストなので、幅広く合わせられます。

材料 2〜3人分

ムール貝（冷凍） … 200g
玉ねぎ（縦5mm厚さに切る） … ½個
かに風味かまぼこ … 50g
豆乳（無調整） … ¼カップ
塩、こしょう、パセリ … 各適量

A 水 … 1カップ
酒 … ¼カップ
薄口しょうゆ、オリーブ油 … 各小さじ2
ローリエ … 2枚
おろしにんにく … 小さじ1

作り方

鍋にAを入れてまぜ、ムール貝、玉ねぎ、かにかまを加えて中火にかける。ひと煮立ちしたらふたをし、弱火〜中火で5分ほど煮る。ムール貝の口があいたら豆乳を加え、塩、こしょうで味をととのえる。器に盛り、みじん切りにしたパセリを散らす。

Recommended SAKE

純米吟醸酒
本醸造酒・特別本醸造酒
純米酒・特別純米酒
吟醸酒
大吟醸酒

日本酒つまみの鉄板・刺し身をアレンジした一品。青じそやしょうゆを使ったたれも加わって、どの日本酒にも合う味わいに。好みの日本酒を合わせてもよし、冒険してもよし。

刺し身の盛り合わせで作るから
ラクちんなのに、ごちそう感満点！
青じそが香るジェノベーゼに
食もお酒もぐいぐい進みます

いろいろ魚介の
しそジェノベーゼあえ

材料 2人分

刺し身の盛り合わせ … 200g
ブロッコリー … ½個
玉ねぎ … ¼個
A | 青じそのみじん切り … 10枚分
　 | オリーブ油 … 大さじ2
　 | マヨネーズ … 大さじ1
　 | しょうゆ … 小さじ2
　 | おろしにんにく、おろししょうが、
　 | レモンのしぼり汁 … 各小さじ¼

作り方

① ブロッコリーは小房に分け、沸騰した湯で1分ほどゆでてざるに上げ、あら熱をとる。玉ねぎはみじん切りにし、キッチンペーパーで包んで水分をしっかりしぼる。

② ボウルに　を入れてまぜ合わせ、刺し身、　を加えてあえる。

POINT

刺し身と相性最高の
しそジェノベーゼ

刺し身に欠かせないしょうゆや青じそが入ったジェノベーゼは、どんな魚介にもマッチ。いろいろな味わいをオリーブ油やマヨネーズがまろやかにまとめてくれます。

Recommended SAKE

本醸造酒・　　純米酒・
特別本醸造酒　特別純米酒　吟醸酒

うまみが濃厚な一品には、純米酒や
本醸造酒が◎。また、香りや味わい
にコクがある生酛造りや山廃仕込み
も、磯の風味や揚げたえびのコクと
同調して、味わいを深めてくれます。

のりのつくだ煮＆わさびがえびマヨを和風にチェンジ！
ゆずやすだちを加えるとさっぱりと食べられます。

──

黒えびマヨ わさび風味

材料　2人分

むきえび（背わたを除く）
　… 200g

A　とき卵 … 1個分
　かたくり粉 … 50g
　塩、こしょう … 各少々

B　のりのつくだ煮（市販）
　　… 大さじ2
　マヨネーズ … 大さじ1
　しょうゆ、ねりわさび、酢
　　… 各小さじ1

サラダ油 … 適量

作り方

① ボウルにAを入れてまぜ合わせ、えびを入れてもみ込む。

② 別のボウルにBを入れてまぜ合わせる。

③ フライパンにサラダ油を深さ1cmほど入れて170度に熱し、1を入れて1分30秒ほど揚げ焼きにする。返して1分30秒ほど揚げ焼きにし、油をきって2のボウルに入れてあえる。

④ 器に盛り、好みでゆずの皮のせん切りをのせ、すだちを添える。

POINT

**のりのつくだ煮の
風味を生かして**

濃厚な磯の香りやうまみがぎゅっと詰まったのりのつくだ煮は、ごはん専門にしておくのはもったいない！ 魚介や野菜などにからめると晩酌にぴったりの一品に。

Recommended SAKE

本醸造酒・
純米吟醸酒　特別本醸造酒　純米大吟醸酒　純米酒・
特別純米酒

日本酒×トリュフオイルが奏で合う
モダンペアリング。純米吟醸酒が合
いますが、具材のえびや鶏ひき肉は
うまみがありつつも淡泊な味わいな
ので、本醸造酒も good。

トリュフオイルのコクのある香りがシューマイを格上げ！
具材にほたて缶をプラスすると、さらにリッチな味わい。

トリュフ香る えびシューマイ

材料 2人分

むきえび … 150g
シューマイの皮 … 20枚
A 鶏ももひき肉 … 100g
　しいたけのみじん切り … 2個分
　玉ねぎのみじん切り … ½個分
　しょうがのみじん切り … 20g
　卵白 … 1個分
　かたくり粉 … 大さじ2
　トリュフオイル … 小さじ2
　酒、しょうゆ、砂糖 … 各小さじ1

作り方

① えびはあらいみじん切りにす
る。ボウルにAとともに入
れ、しっかりねる。

② ①をシューマイの皮で包む。

③ 蒸気の上がった蒸し器に入れ、
火が通るまで弱火で15分ほ
ど蒸し、あればとびこをのせ
る。好みでトリュフオイルと
しょうゆをまぜてつけても。

POINT

トリュフオイルで
香りをプラス

トリュフオイルを蒸し料理に使う
ことで、オイル独特の重さがとび、
日本酒に合うあっさりした風味に。
お好みでしょうゆにトリュフオイ
ルをたらしたたれを添えても。

爽快なさんしょうベースのピリ辛だれは
日本酒にもなじみます。
白子は加熱しすぎずレア感を残して仕上げて!

よだれ白子

材料 2人分

白子 … 150〜200g
きゅうり … 1本
A　酢 … 大さじ3
　みりん、しょうゆ … 各大さじ2
　砂糖 … 大さじ1
　粉ざんしょう、おろししょうが、
　　おろしにんにく … 各小さじ½
　ラー油、ごま油 … 各少々
細ねぎの小口切り、カシューナッツ
… 各適量

作り方

1. きゅうりは細切りにする。

2. 耐熱皿に白子をのせ、250度に予熱したオーブンで表面に焼き色がつくまで5分ほど焼く。

3. 器に 1、2 を順に盛り、まぜ合わせた A をかけ、細ねぎ、砕いたカシューナッツを散らし、好みで糸唐辛子をのせる。

POINT

白子の下処理で
食感をなめらかに

白子は血やぬめりがあったら流水でやさしく洗って。白子をつないでいる筋や赤い部分（血合い）は除いておくと、口に入れたときの食感がよくなります。

Recommended SAKE

本醸造酒・
特別本醸造酒　大吟醸酒　純米酒・
特別純米酒　吟醸酒

> ねりうにやチーズの濃厚なうまみを
> がっちり受け止めてくれるのは、純
> 米酒。グラタンは熱々を楽しむ料理
> なので、日本酒も温度を合わせてぬ
> る燗や熱燗にするのも◎。

濃厚なねりうにとチーズが重なって、うまみ爆発！
サクサクとしたたけのこの食感も楽しい一品。

——

海の幸のうにグラタン

材料 2人分

シーフードミックス（冷凍）… 200g
マッシュルーム（あればブラウン）… 6個
たけのこ（水煮）… 200g
A｜ねりうに（瓶）、小麦粉 … 各大さじ2
　｜牛乳 … 1½カップ
　｜しょうゆ … 小さじ2
ピザ用チーズ … 60〜80g
青のり、塩、こしょう … 各適量
オリーブ油 … 小さじ2

作り方

① マッシュルームは縦に半分に切る。たけのこ
　は穂先はくし形切り、根元は5mm厚さのいち
　ょう切りにする。

② フライパンにオリーブ油を熱してシーフード
　ミックス、1を入れ、全体に焼き色がつくま
　で中火〜強火でいためる。まぜ合わせたAを
　加えて1〜2分煮、とろみがついたら塩、こ
　しょうで味をととのえる。

③ 耐熱皿に入れ、チーズ、青のりを散らす。250
　度に予熱したオーブンで全体に焼き色がつく
　まで10分ほど焼く。

POINT

**ねりうにで手軽に！
風味＆とろみをつけて**

ねりうにを入れることで、風味だ
けでなくとろみがつく効果も。商
品によって粘度が異なるので、ソー
スのとろみが薄いと感じたら小
麦粉を少しずつ加えて調整を。

Recommended SAKE

本醸造酒・ 純米酒・
純米吟醸酒 特別本醸造酒 特別純米酒

まぐろの味わいや高菜のうまみを引き立てる純米酒、わさびの辛みに寄り添う本醸造酒、タルタルソースと相性のよい純米吟醸酒。合わせるお酒により違う魅力が見つかります。

漬け物の歯ごたえとうまみが詰まったソースで
食感も味わいもボリュームもアップ!
まぐろは表面だけ焼いて中身はレアにするのが◎。

まぐろのレアステーキ
高菜タルタルで

材料 2人分

まぐろ(刺し身用さく)… 150g
かたくり粉、サラダ油、クレソンのざく切り、
　赤キャベツのせん切り … 各適量
A　高菜漬け … 20g
　　ゆで卵のあらいみじん切り … 1個分
　　マヨネーズ … 大さじ3
　　ねりわさび … 小さじ1
　　あらびき黒こしょう … 少々

作り方

① まぐろは全体にかたくり粉をまぶし、余分な粉をはたき落とす。

② フライパンにサラダ油を熱して　を入れ、全面に焼き色がつくまで強火で焼く。火を止めてとり出し、食べやすい厚さに切る。

③ 器にクレソンと赤キャベツをバランスよく敷き、2をのせ、まぜ合わせた　をかける。好みでレモンを添える。

POINT

あると便利な
高菜タルタル

うまみも酸味も強い高菜漬けを使ったタルタルソースは、魚料理だけでなく肉料理やサラダにかけてもおいしい! わさびをピリッときかせてアクセントに。

Recommended SAKE

本醸造酒・特別本醸造酒	純米吟醸酒	吟醸酒	純米酒・特別純米酒

日本酒×ハーブで、さらに奥深いペアリングが楽しめます。本醸造酒のほかおすすめなのが、味が濃くフレッシュな生酒や生原酒。クセのあるラム肉やスパイスと相性抜群です。

意外なペアリングに見えますが
味の強い生原酒はラム肉と好相性。
ハーブとカレー粉で風味よく仕上げます。
—

ハーブ衣の
ラムチョップカツレツ

材料 2人分

ラムチョップ … 4本
塩、こしょう … 各適量
とき卵 … 1個分
小麦粉 … 大さじ2
パン粉 … 1カップ
カレー粉、粉チーズ、
　バジル（ドライ）… 各小さじ1
あらびき黒こしょう … 小さじ½
揚げ油 … 適量
ルッコラ、グリーンオリーブ（種なし）、
　レモン … 各適量

作り方

① ラムチョップは両面にまんべんなく塩、こしょうを振る。A、Bはそれぞれ別のボウルに入れ、まぜ合わせる。

② ラムチョップに を からめ、B をまぶす。

③ 揚げ油を170度に熱し、 を入れて4〜5分揚げ、油をきる。器に盛り、ルッコラ、グリーンオリーブ、レモンを添える。

POINT

パン粉に
ハーブの香りをIN

カレー粉とバジルをパン粉に加えることで、ラム肉のクセのあるにおいをやわらげ、食欲を増進する効果が。余ったパン粉は冷凍保存できるので、グラタンなどに活用を。

Recommended SAKE

 純米吟醸酒 純米大吟醸酒 本醸造酒・特別本醸造酒 吟醸酒 純米酒・特別純米酒

みかんのフルーティーな香りと個性が近い、純米吟醸酒や純米大吟醸酒がベストマッチ。シンプルな味つけですが、豚肉のうまみもしっかり感じられるので本醸造酒や純米酒でも。

ごちそう感のある"映える"一品。
最初にホイル蒸しにすることで
ハーブの香りを行き渡らせます。

豚ロースとみかんの香草焼き

POINT

みかんを使うのがポイント

西洋では定番の豚肉とオレンジの組み合わせを、みかんでアレンジ。甘みや酸味がマイルドなみかんを使うことで、日本酒にも合うやさしい味わいになります。

材料 2人分

豚ロース肉(とんカツ用) … 2枚
みかん … 2個
赤玉ねぎ … 1個
A｜オリーブ油 … 大さじ2
　｜ローズマリー(生)
　｜　… 1パック(10g)
　｜塩、あらびき黒こしょう … 各適量
塩、あらびき黒こしょう … 各適量

作り方

① 豚肉は5mm厚さのそぎ切りにする。みかんは皮をむき、1cm厚さの輪切りにする。赤玉ねぎは5mm厚さの輪切りにする。

② ボウルにAを入れてまぜ合わせ、豚肉を入れてもみ込み、常温で10分ほどおく。

③ 耐熱皿に豚肉、みかん、赤玉ねぎを交互に重ねて並べ入れる。塩、黒こしょうを振り、2の残ったオイルを全体に回しかける。アルミホイルをかぶせ、250度に予熱したオーブンで5分ほど焼く。ホイルをはずし、全体に焼き色がつくまでさらに10分ほど焼く。

Recommended SAKE

本醸造酒・
特別本醸造酒　純米酒・特別純米酒　純米吟醸酒

揚げ出し特有のコクやうまみを味わう一品は、本醸造酒、純米酒と好相性！ カマンベールはクセが強くないので、ほどよく香りのある純米吟醸酒ともなじみます。

とうふかと思いきや、カマンベールがとろ〜り！
相性抜群のなすのほか、パプリカなどを加えても。

カマンベールとなすの揚げ出し

材料 2人分

なす … 2個
カマンベール（6Pタイプ）
　　… 100g
かたくり粉、揚げ油 … 各適量
A｜めんつゆ（2倍濃縮）、水
　　… 各½カップ
　｜おろししょうが … 小さじ1

作り方

1. なすは縦に半分に切って格子状に浅く切り込みを入れ、長さを半分に切る。

2. 耐熱ボウルにAを入れてまぜ、ラップをかけて電子レンジで1分30秒ほど加熱する。

3. カマンベールにかたくり粉をまぶし、余分な粉をはたき落とす。揚げ油を180度に熱し、を入れて1分ほど揚げる。カマンベールを加えてさらに1分ほど揚げ、すべてとり出して油をきる。

4. 器に2を入れ、3をバランスよく盛り、好みでゆずの皮のせん切りと刻んだ三つ葉を散らす。

POINT

カマンベールは短時間で揚げて

カマンベールはとけやすいので注意。かたくり粉をしっかりまぶし、短時間でさっと揚げるのがポイントです。そのままでも食べられるので、表面が軽く色づけばOK。

鶏むね肉の
レモンペッパー竜田

香り唐揚げ

レモン汁やからし、黒こしょうをきかせて
淡泊なむね肉もメリハリのある味に。
ぶりやサーモンで作るのもおすすめ！

ふんだんに入れたレモンの風味が口
に広がる竜田揚げ。純米大吟醸酒や
純米吟醸酒のフルーティーな香りは
レモンの柑橘系の香りと同調し、心
地よい余韻を導いてくれます。

鶏むね肉の
レモンペッパー竜田

材料 2人分

鶏むね肉 … 小2枚 (400g)
A　マヨネーズ … 大さじ4
　　レモンのしぼり汁 … ½個分
　　あらびき黒こしょう、ねりがらし
　　　… 各小さじ1
かたくり粉、揚げ油、ベビーリーフ
　… 各適量

作り方

① ボウルにAを入れてまぜ合わせる。

② 鶏肉は皮を除き、1cm厚さのそぎ切りにし、かたくり粉をまぶして余分な粉をはたき落とす。

③ 揚げ油を180度に熱し、2を入れて3分ほど揚げ、油をきる。1に加えてあえ、ベビーリーフを敷いた器に盛る。好みでレモンを添える。

ゆかりと七味で下味をつけて香り高く。
衣に小麦粉とかたくり粉を使うことで
ふっくら＆カリッとした仕上がりに。

ゆかりのすっきりとした風味や七味
のピリッとした辛みが味わえる変わ
り唐揚げ。さわやかな純米吟醸酒の
ほか、すっきりシャープな味わいの
本醸造酒、吟醸酒ともよく合います。

香り唐揚げ

材料 2人分

鶏もも肉 … 小2枚 (400g)
A　卵 … 1個
　　小麦粉、かたくり粉 … 各大さじ3
　　みりん、しょうゆ、ゆかり
　　　… 各大さじ1
　　七味唐辛子 … 小さじ1
揚げ油、サニーレタス … 各適量

作り方

① ボウルにAを入れてまぜ合わせ、皮つきのまま一口大に切った鶏肉を加えてもみ込む。

② 揚げ油を170度に熱し、1を入れて3〜4分揚げ、油をきる。サニーレタスを敷いた器に盛り、好みですだちを添える。

酸味のあるソースやライムのさわや
かな風味は本醸造酒や純米吟醸酒と
相性◎。また、バルサミコ酢の熟成
した味わいは、香りが強く濃厚な生
酒や生原酒ともよく合います。

バルサミコ入りの甘ずっぱいソースや
とうもろこしにパンチをきかせて。
パクチーやライムがあるとなおよし！

とうもろこしのかき揚げ

材料 2人分

とうもろこし…1本
A｜水…½カップ
　　小麦粉…大さじ4
　　バジル（ドライ）
　　　…小さじ1
B｜しょうゆ、みりん
　　　…各大さじ3
　　砂糖…大さじ2
　　バルサミコ酢
　　　…小さじ1
揚げ油…適量

作り方

① とうもろこしは長さを半分に切り、四つ割りにする。ボウルにAを入れてまぜ合わせる。

② 小鍋にBを入れ、弱火〜中火でひと煮立ちさせる。軽くとろみがつくまでふつふつするくらいの状態で煮詰め、火を止める。

③ とうもろこしの実の部分をAにくぐらせ、180度に熱した揚げ油で2分ほど揚げる。油をきり、器に盛って2をかける。好みでパクチー、ライムを添え、砕いたアーモンドを散らす。

POINT

とうもろこしの切り方

とうもろこしは長さを半分にしたあと、縦にして包丁を入れると切りやすい。実の部分に衣をつけて揚げると、油はね防止。衣に好みのスパイスやハーブをまぜても。

Recommended SAKE

醸造酒・
本醸造酒
純米酒・
特別純米酒
純米吟醸酒
吟醸酒
大吟醸酒

コクのあるみそ風味は、本醸造酒、純米酒と相性よし。ソースが豆乳ベースでさらっとしているうえ、ゆずをトッピングしているので、吟醸酒系も合わせやすいです。

マイルドな豆乳にみその香りが漂う
あっさり和風のクリームパスタ。
イクラの色みと塩けがポイントに。

牡蠣の
豆乳クリームパスタ

材料 2人分

パスタ … 140g
牡蠣（加熱用）… 100〜150g
ほうれんそうのざく切り … 150g
塩、こしょう … 各適量
A 豆乳（無調整）… ¾カップ
　　パスタのゆで汁 … ¼カップ
　　小麦粉 … 大さじ1
　　みそ … 小さじ2
　　おろしにんにく … 小さじ½
オリーブ油 … 大さじ1
バター… 15g
イクラ、ゆずの皮のせん切り … 各適量

作り方

① パスタは袋の表示どおりにゆでて湯をきる（ゆで汁はとっておく）。

② フライパンにオリーブ油、バターを中火で熱し、牡蠣、ほうれんそうを入れ、ほうれんそうがしんなりするまで中火〜強火でいためる。

③ まぜ合わせたAを加えてひと煮立ちさせ、塩、こしょうで味をととのえる。1を加え、手早くまぜ合わせて器に盛り、イクラとゆずの皮をのせる。

POINT

牡蠣は
加熱用を選んで

生食用の牡蠣は主にプランクトンの少ない沖合で育てられるうえ、浄化処理のために身がやせてしまう場合も。しっかり火を通す料理には「加熱用」を選んで。

ごま油とバターのダブル使いで背徳感のあるおいしさ！
塩昆布のうまみと塩けがきいた"つまみになるめし"。

ぎんなんの
塩昆布バター土鍋ごはん

材料 2人分

米 … 360㎖（2合）
塩昆布 … 50g
むきぎんなん … 50g
A｜水 … 340㎖
　｜しょうゆ、みりん … 各大さじ2
　｜ごま油 … 大さじ1
　｜おろししょうが … 小さじ1
バター … 適量

作り方

① 米は洗い、20〜30分浸水させる。

② 土鍋にAを入れ、まぜ合わせる。米、塩昆布、ぎんなんをのせ、ふたをしないでひと煮立ちさせる。ふたをして、弱火で10分ほど加熱する。火を止めて10分ほど蒸らしたら、バターをのせてざっとまぜる。炊飯器にすべて入れて炊いてもOK。

POINT

むきぎんなんを
使って手軽に

生のぎんなんは秋以外は手に入りにくく、殻をむくのも大変。真空パック入りのむきぎんなんを使えば手軽に作れます。缶詰の水煮ぎんなんを汁けをきって使っても。

日本酒といえばすし。すしめしのやさしい酸味や香りは、さまざまなタイプの日本酒となじみます。にぎる具材やつける調味料、あしらいで変化をつければ、ペアリングの幅は無限大！

できあいの食材を具材にしたお手軽なおすし。
ころんとにぎれば、つまみやすさ＆かわいさ満点！

魚と肉の手まりずし

材料 2人分

あたたかいごはん … 400g
具材
　ローストビーフ（市販）… 5枚
　スモークサーモン … 5枚
　生ハム … 5枚
　かに風味かまぼこ … 5本
　青じそ … 5枚
A　酢、砂糖 … 各大さじ4
　　塩 … 小さじ1½
あしらい（イクラ、チャービル、ディル、ねりわさび、
　粒マスタード、あらびき黒こしょう）
　… 各適量

作り方

① ごはんにAを加えて切るようにまぜ、あら熱をとる。

② 小さめに切ったラップを広げ、具材、丸くまとめたごはんを順にのせ、結び目をつまむように包む（かにかまは、ラップの上にかにかま、軸を切った青じそ、ごはんの順にのせる）。

③ 器に盛り、好みであしらいを添える。

POINT

手まりずしのにぎり方

ラップを広げて具材をのせ、一口大のすしめしを丸くまとめてのせます（a）。ラップで包んでひねり（b）、形をととのえて完成。あしらいをのせれば華やかさアップ！

a

b

ひと目でわかる！ ワイン＆日本酒ペアリング表

ワインペアリング表

作りたい料理に合わせてワインを選ぶもよし、家にあるワインに合わせて料理を選ぶもよし。おうち飲みの計画に、ぜひご活用を。

ページ	メニュー名／アイコン名	赤 軽×酸味	赤 軽×渋味	赤 重×酸味	赤 重×渋味	白 軽×酸しっかり	白 軽×酸まろやか	白 重×酸しっかり	白 重×酸まろやか	オレンジ	泡	ロゼ泡	ロゼ
36	さば缶のディルあえ	○								◎			○
36	イクラとバターのタルティーヌ					◎		○		◎			
37	酒粕とゴルゴンゾーラのはちみつカナッペ		○				◎						
37	厚揚げのゴルゴンゾーラ焼き						◎	○					
38	はちみつ梅とひじきのマリネ	○											◎
38	れんこんの粒マスタードいため					◎	○						○
39	牛肉とクレソンの煮びたし		○										◎
40	かぶとからすみのオイルあえ					◎							○
40	たいの塩昆布あえ ライム風味					○	○						
41	牡蠣の卵とじ クミン風味						◎						
41	あさりとホワイトセロリの酒蒸し						○						
42	エスニック粉ふきいも					○	○						
43	いちごのマリネとカマンベールグリル						◎				○	○	
43	甘栗ベーコンピンチョス						◎				◎	○	
44	トマトとみょうがのナンプラーあえ	○				○							
44	納豆とたっぷりパセリのタパス		○							◎			○
52	季節の果物のカプレーゼ						○			○	○		○
56	ミント香るシーフードタブレ					◎	○	○					
56	刺し身とグレープフルーツのマリネ					○		○		○			
57	タルタルステーキ	◎	◎	○	○								◎
58	クリーミーレバームース		○					○		○	○		○
59	ウフマヨ アンチョビーマヨネーズソース					◎	○			○	○		○
60	ねぎのエチュベ					○	○	○	○				
60	芽キャベツのエチュベ					○	○	○	○				
61	ねぎのグラタン						○		○				
61	芽キャベツのグラタン						○		○				
62	ステークアッシェ	◎	○	○	○								○
64	鴨ロースのグリル オレンジソース	◎	◎							○			○
65	ミラノ風カツレツ					○	○	○		○			○
66	シーフードのフリカッセ					○	○	○	○				
67	魚介とじゃがいものガレット					○	○	○		○			
68	じゃがいものニョッキ レモンクリームソース					◎	○		○				
71	マッシュルームピラフ					○	○	○	○				
71	かにとマッシュルームのピラフ					◎	○	○	○				
74	汁なし皿ワンタン	○					○			◎			◎
75	なすと豚肉のバジルいため	○	○				○			◎			○
76	スペアリブとさつまいもの豆豉蒸し	○	○	○	◎								
77	蒸しだらのトマトザーサイだれ	◎						○					◎
79	えびとセロリのもちもちチヂミ	○				○				○			
79	まぐろタルタルと生ゆばの韓国風生春巻き					◎	○			○			
80	鶏肉とれんこんのレモングラスいため						○				○		
81	揚げゆで卵のココナッツミルク煮 えびみそ風味						◎		○				
84	赤キャベツのクミンコールスロー	○										○	○
84	トルコ風ねぎのオリーブオイル煮	○					○						○
85	トルコ風白いんげん豆のサラダ					○	○	○					○
85	トマトラム肉とフライドポテトのヨーグルトソースがけ	◎	○	○									
86	ラムとかぼちゃのサモサ		○				○		○				○
87	あさりとたっぷりディルのフォー					○	◎	○		○			

本書では、全レシピをソムリエ＆日本酒ソムリエに試食してもらい、よく合うワインや日本酒を提案してもらいました。そのときのリストをこっそり公開します。

ページ	メニュー名／アイコン名	🍷	🍷	🍷	🍷	🍷	🍷	🍷	🍷	🍷	🍷	🍷	🍷
89	ねぎだけ香港焼きそば	○				○	○						◎
89	香港風ミニ土鍋ごはん					◎				◎			◎
94	イクラとサーモン、野菜の塩麹あえ							○					○
94	しめさばと野菜のあえ物 すだちとわさびじょうゆで	◎											○
95	春菊とりんごのサラダ あんぽ柿のドレッシング					○							○
95	いちごとオレンジの マスカルポーネ白あえ							◎				○	◎
96	和風ローストビーフ おだしと七味風味	○											◎
97	鴨とねぎの赤ワインしょうゆ焼き	○	◎	○	○								◎
99	白身魚の酒蒸し セロリじょうゆ油がけ							◎					○
100	牛タンの塩焼き たっぷり薬味ソース								○		○		
101	さわらのちゃんちゃん焼き 酒粕風味							◎		○			◎
102	海鮮寄せ鍋 パクチー&ナンプラーだれ								○				○
104	甘だいと根菜の揚げ出しトマト天つゆで	○							○		○		○
105	牡蠣とクリームチーズの春巻き					○	○		○		○		○
106	ごまだれづけまぐろのぶっかけそば							○					○
107	うなぎとごぼうとスクランブルエッグ の土鍋ごはん		◎								○		◎

日本酒ペアリング表

飲むシーンや季節などによってもうまみの感じ方は変わってくるので、気軽にお試しを。熱燗にするなど温度帯を変えてみるのも◎。

ページ	メニュー名／アイコン名	純米吟醸酒	純米大吟醸酒	本醸造酒・特別本醸造酒	吟醸酒	大吟醸酒	純米酒・特別純米酒
45	いちじくと黒こしょうのフルーツサンド	◎	◎			○	
46	しらすのブルスケッタ	○		◎			◎
46	しば漬け入りスクランブルエッグ	○			○		◎
47	モッツァレラのわさびじょうゆあえ	○					◎
47	アボカドの塩昆布あえ			◎	○		◎
116	焼きさばとねぎの南蛮漬け			◎	○		◎
116	玉ねぎのロースト おかかクリームのせ			○			○
117	ポテトサラダ薫製風味	○	◎	○			◎
117	たらこのマカロニサラダ	◎		○			◎
120	とろとろ塩牛すじ煮込み			○			◎
121	たこと紅しょうがの和風パテ	○		○			◎
121	ムール貝の日本酒蒸し	◎		○		○	◎
122	いろいろ魚介のしそジェノベーゼあえ	◎		○		○	◎
123	黒えびマヨ わさび風味	○		◎			◎
124	トリュフ香る えびシューマイ	◎	○	○			◎
125	よだれ白子	○		○		◎	◎
127	海の幸のうにグラタン	○		○	○		◎
128	まぐろのレアステーキ 高菜タルタルで	◎		○			◎
129	ハーブ衣のラムチョップカツレツ	○		○			○
130	豚ロースとみかんの香草焼き	◎		○			◎
131	カマンベールとなすの揚げ出し	◎		◎			◎
133	鶏むね肉のレモンペッパー竜田	◎	◎	○			◎
133	香り唐揚げ	○			○		◎
134	とうもろこしのかき揚げ	◎		◎			◎
135	牡蠣の豆乳クリームパスタ	○		◎	○	○	◎
136	ぎんなんの塩昆布バター土鍋ごはん	◎		◎	○		◎
139	魚と肉の手まりずし	◎	○	◎	○		◎

INDEX

【料理】

ワインを合わせる
イタリアン＆フレンチ
上田淳子

ワインを合わせる
アジア料理
ツレヅレハナコ

ワインを合わせる
モダン和食
五十嵐大輔

日本酒を合わせる
創作料理
高橋善郎

【ワイン監修】
岩井穂純

【日本酒監修】
高橋善郎

ワインや日本酒の味は多種多様ですが、あくまでおおまかに味の
傾向を分類したうえで、解説およびペアリングをしたものです。

ブックデザイン ● 細山田光宣＋狩野聡子（細山田デザイン事務所）
撮影 ● 神林 環
スタイリング ● 遠藤文香
CHAPTER3調理アシスタント ● 松永真実
イラスト ● 湯浅 望
取材・文 ● 野田りえ
編集 ● 中野桜子
編集デスク ● 野崎さゆり（主婦の友社）

ソムリエ×料理人が
家飲み用に本気で考えた
おうちペアリング

2021年5月20日　第1刷発行
2021年11月10日　第3刷発行

著　者　岩井穂純、高橋善郎、上田淳子、ツレヅレハナコ、五十嵐大輔
発行者　平野健一
発行所　株式会社主婦の友社
　　　　〒141-0021東京都品川区上大崎3-1-1目黒セントラルスクエア
　　　　電話03-5280-7537(編集)　03-5280-7551(販売)
印刷所　大日本印刷株式会社

【協力】

酒美土場
ナチュラルワインとオーガニック食材
酒美土場 Online Shop
https://shubiduba.tokyo

朝日酒造株式会社
新潟県長岡市朝日880-1